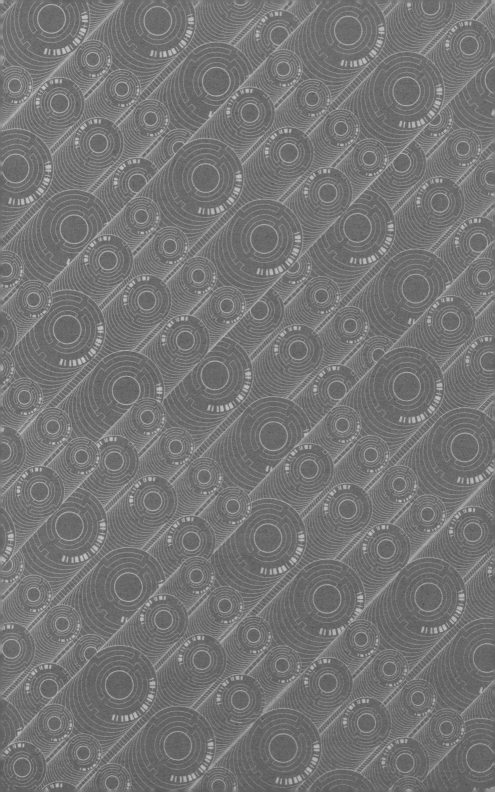

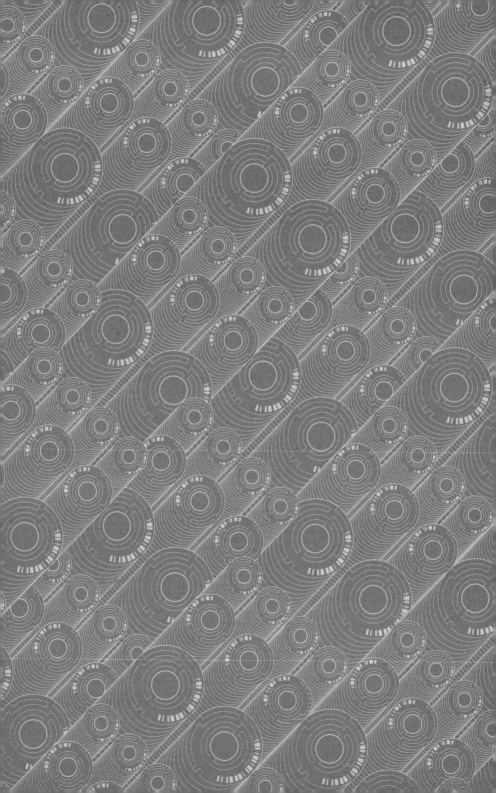

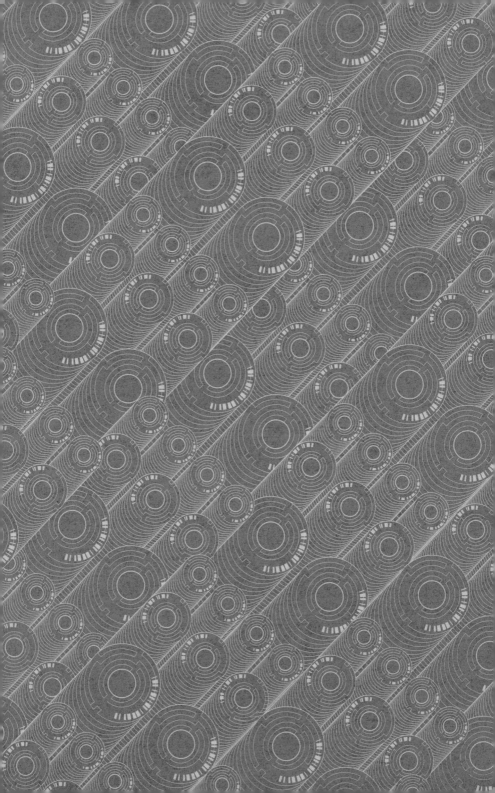

尋聲記 我的黑膠時代

李志銘 著

一張黑膠唱片，一個獨特的世界！
一篇文章，一段令人感嘆、惆悵的往日情懷！

張己任（佛光大學人文講座教授）

黑膠唱片是科技「記錄」聲音發展歷史中一個階段的產物。十九世紀七〇年代後期，愛迪生發明了「留聲機」，這個機器的原始構想，只是為了辦公室而開發的產品。然而，它能保存聲音的「歷史」價值，立刻被人注意到。到了十九世紀九〇年代，留聲機的用途已經擴展到用來保留「偉人」的聲音、演說，以及美國一些即將絕滅的土著民族的語言及音樂。一八八七年「盤式留聲機」出現以後，音樂世界出現了一些變動。由於這種「盤式留聲機」可以無限制地複製「留聲」，這使得「盤式留聲機」在十九世紀末期以商品的形式出現於市面上。隨著科技與商業利益的發展，「留聲」的科技歷經了「盤式留聲機」、錄音帶、黑膠唱片，到現在的CD、DVD時代。它們都在不同的時代各領風騷、記錄了它們時代的聲音。黑膠唱片在台灣盛行的年代大約在一九六〇－八〇年代，一九九〇年以後逐漸被CD取代。與目前的CD或DVD相比較，黑膠唱片使用起來雖較為不便，卻因為黑膠唱片特有的音質，仍然讓許多人難以忘懷。

李志銘的《尋聲記》從副標題「我的黑膠時代」來看，似乎是許多發燒友談論黑膠唱片的其中一本書而已。然而與眾不同的是，李志銘透過每一張唱片中的歌曲，述說出一個與歌曲相關的故事，有關人、有關地方、有關時代……的故事。作者自己說：「舊唱片（黑膠）有時就如老照片，往往能夠喚醒人們懷念的那個遙遠的年代。」（頁186）。在《尋聲記》中，每一張黑膠唱片的確都喚醒了一個遙遠的年代、人物或事件。

《尋聲記》共收錄了三十五篇短文，基本上每一篇的主題都透過一張唱片來引出。從這三十五張唱片出版的時間來看，幾乎全是一九六〇—一九八〇年代的產品，種類則涵蓋了台語歌曲、國語流行歌曲、愛國歌曲、意識型態宣導歌曲、電視劇主題歌曲、校園民歌、西洋歌曲、「報導音樂」，甚至西洋古典音樂。除了「國樂」以外幾乎都有了！令人驚奇的是，李志銘總能按照歌曲的主題引出相關的背景與觀察，用帶著感性的文筆向你娓娓道出一篇篇深入有趣的「故事」！這些歌曲的主題有些看似風馬牛不相及，但它們卻從不同的面向顯示出這三十年來台灣政治、社會、經濟的變遷。

一九八八年七月十五日是台鐵宣告「北淡線」營運的最後一天。這天卻促成了一個盛況空前令人難忘的「淡水最後一班列車」活動。只是隨著時間的流逝，這個活動以及所代表的意義也跟著消失。沒想到因為當時的一張特別策畫的唱片《淡水最後一班列車》，讓李志銘把這個活動的情況及活動的意義又在讀者的眼前呈現了出來。「北淡線」的拆除其實是為了興建現在大家熟悉的捷運淡水線。這張《淡水最後一班列車》在紀念的意義中，卻也暗示出當時台灣經濟的成就。

台灣經過「殺朱拔毛」、「反共抗俄」、「消滅萬惡共匪，拯救大陸同胞」、「三民主義統一中國」的時代，當年誓言與中國共產黨「漢賊不兩立」的國民黨，如今卻是「親共」的急先鋒，這些荒謬錯亂的歷史，現在聽《李顯斌的故事》及賴孫德芳的《愛國歌選》顯得格外諷刺。

也是因為「這個世紀荒誕不經，近百年來尤劇。翻開上世紀國共兩黨政爭糾葛不清的近代史，一部部充滿謊言的外交政治荒謬劇，立刻呈現在我們眼前。」（頁79）、「無奈乎當時這些謊言於今看來何等荒謬，過去許多人卻都堅信不疑。回顧童年印象裡，還記得小時候身旁同學根本沒去過大陸，也沒有親眼看過黃河長江，但是從電視歌唱節目裡卻能把『遙遠的東方有一條江，它的名字就叫長江，遙遠的東方有一條河，它的名字就叫黃河，雖不曾看見長江美，夢裡常神遊長江水，雖不曾聽見黃河壯，澎湃洶湧常在夢裡』歌曲〈龍的傳人〉熟唱得朗朗上口。」（頁80）這種「大中國」的謊言，卻在一九七八年美國與台灣斷交時，變成當時愛國、愛民族的熱血青年悲憤的國族情懷的「依靠」，較年輕的侯德健如此，較年長的李泰祥、吳念真也如此！由吳念真作詞、李泰祥作曲的《少年遊》如此寫到：「眼看海棠滴血，耳聽龍吟不絕，是我炎黃子孫，怎堪含冤長年睡……頭頂崑崙積雪，腳踏黃河濁浪……」如今這兩張轟動一時的唱片，卻因為時代的轉變而被冷落一旁！

第二輯全是台語歌曲。台語歌曲在台灣從日治時代到國民黨戒嚴時期都受到限制打壓。台語歌曲的興起與一九六〇年代末期及一九七〇年代「鄉土文化運動」有很大的關係。音樂家史惟亮在一九六六年回到台灣，在許多的文章中，史惟亮痛陳「中國音樂」的喪失，極力宣揚音樂民族性的重要。然而在台灣與中國大陸政治與文化分離的情況下，「中國音樂」的「傳統」在哪裡？中國音樂的「根」又應該在何處？從台灣的「鄉土」中先做起的，應該是一條務實的路。一九六七年，在許常惠及史惟亮的帶領下開始了「民歌採集」。這件事的確給當時的藝文界帶來不小的衝擊。這個行動，在藝文界的眼裡，象徵著音樂是「民族的」、是「平民的」、也是「普及的」。而且正好與當時以《文學季刊》為主介紹黃春明、王禎和、施叔青等人的鄉土文學創作，《漢聲雜誌》介紹以台灣鄉土為題材的攝影；《雄師美術》及《中國時報》「人間副刊」介紹洪通、朱銘；也與「雲門舞集」向「傳統」及「民間」取材的思想與步調相吻合。在這段時期裡，台語歌曲也跟著茁壯起來。在《尋聲記》中有十三篇與台語歌曲有關的文章，所收集使用的黑膠唱片，其發行年份大部分都集中在一九六七到一九七七年之間，內容雖然五花八門，但透過這十幾張台語歌曲，加上李志銘平實傳神的說明，不難看出台灣人特有的文化及民風真實感人的一面。

邱晨的《特富野》是一張稀有的音樂類型唱片，這是因為當時一件社會事件所引起的一部「報導音樂」。關於《特富野》，邱晨自己說：「說它是『民歌』，它遠不同於近年大多數『校園民歌』的淺薄造作。說它是『通俗歌曲』，它豐富的現代色彩與前進意識，顯然超越了現有的所有舊作，當我們被這般小家子氣近陳腐的框框綁縛住所有對原創作品的震撼與感動；當我們漸漸覺得：除了台北，不知有台灣……」這個特別的專輯，「如同史詩般地娓娓訴說一個部落族群與個人際遇花開花落的故事。」（頁40）而關於這整部創作的相關種種，《尋聲記》中都有完整動人的描述。

《尋聲記》是一本有趣也特別的文集。文字的運用流暢、筆風平易近人，字裡行間流露出的真誠與熱情讓人愛不釋手。看似各自獨立的三十五篇文章，彼此之間也有著奇妙的關連。而作者對歷史事實的詳實考證，也使得《尋聲記》可以作為台灣歌曲歌謠歷史的補充教材。

看完《尋聲記》，我的眼前浮現出威廉．布萊克（William Balke，一七五七—一八二七）出名的詩句：「從一粒小沙中看見一個世界，從一朵小花中看見一個天堂」（To see a world in a grain of sand,And a heaven in a wild flower）。的確，《尋聲記》中所談到的每一張黑膠唱片都有一個獨特的世界，每一篇因一張黑膠唱片而來的文章，都能讓你感受到一段令人感嘆、惆悵的往日情懷。

《尋聲記》推薦語

王信凱——

聲音是什麼？它是文字背後真正的生命，透過空氣振動證明生命的實體存在！想像百年前至三四十年前的聲波，重新在我們眼前的空間中「振動」起來，那真是一個奇蹟！

作者李志銘從《單聲道》開拓了一個新的聲音文化史圖景，這次又將引領我們在類比聲音的世界中追尋過去的歷史軌跡。每一張唱片都有一段自己的故事，有自己的生命情境與情節，而且唱片保存的不僅僅是聲音，還有相對應的圖像與文字。我們不妨將過去的黑膠唱片視為一本本書，端看你如何掌握與挖掘其中蘊含的奧秘！

最重要的是：聲音是人類生命存在的最真實歷史印記！而李志銘的《尋聲記》在綺麗變幻的時間層遞中，追尋過去的聲音光影！在這個虛擬的「數位」帝國已經席捲而來的世界中，保存類比實體的靈光再現！

（王信凱／刻盤轉錄師、「古殿樂藏」創辦人）

李欣芸——

認識志銘是在一場已逝恩師戴洪軒老師的紀念會中。言談中發現，他居然收藏了戴老師於民國六十年代的著作。那是早就絕版的音樂書，全台灣應該找不到五本吧？他既非音樂系也不是老師弟子，卻會注意到戴老師的書？肯定是音樂狂熱分子吧？

直到看了《尋聲記》的初稿，才發現文質彬彬的志銘不只擁有大量的黑膠收藏，而且在他眼裡，每張唱片彷彿都是一塊時光旅行的路標。他從這些珍藏品的背景典故娓娓談起，進而描述該唱片發行時期的社會氛圍和生活形態，行筆溫暖流暢，引領讀者進入時光隧道，重溫那些令人緬懷的時代樣貌。

黑膠是一種凝結時空的技術，可以把錄音室當時的聲響狀態保存下來，閱聽者日後只要加以還原，就可以重現彼時的感動，彷彿親臨現場。

《尋聲記》也是。

（李欣芸／音樂製作人）

吳家恆——

有幾次，在一些不同的場合碰到志銘，總見他戴一頂貝雷帽，話並不多，露出略為靦腆的微笑；而在他筆下，卻是毫無窒礙，以細膩的手法編織許多感受與材料，讀者還沒來得及準備，一下便滑入記憶的網中。《尋聲記》說的是台灣流行音樂的黑膠時代，而且是志銘的黑膠時代，以他成長於一九八〇年代中葉的時空來說，他接觸的部分是從民歌流行的年代算起，日治、戰後到七〇年代的階段未及親歷。但是音樂妙就妙在這裡：透過黑膠唱片，他的觸角可以伸到紀露霞、史惟亮與陳達、林福裕的幸福男聲合唱團……，以及許多被遺忘、甚至沒聽過的唱片與歌手。當音樂流洩時，記憶可以被喚起、被重建、被發掘。

看著書中標註「作者收藏翻拍」的唱片封套照片，不由得提出一個可能許多讀者都會有的心聲：志銘什麼時候能播放出來，給大家眾樂樂一番呢？

（吳家恆／台中市古典音樂台主持人）

吳雅慧——

和志銘因舊書結緣，算算認識都已超過十年了，從小就與舊書舊物為伍的我和擁有老靈魂的他很快就熟絡起來，讀完書稿後，我更加確定他對舊書、老事物的熱情，其實是源自於對於音樂的喜愛與追尋。《尋聲記》是志銘的第五本書，生動溫柔的聲音回憶讓志銘的文字充滿了溫度和個人氣味，我相信這本書是最貼近志銘本身，翻閱著一篇篇的黑膠記事，除了腦海中湧現一波又一波的美好音浪外、更彷彿看到他成長的足跡與青春的光影，也再次一發現：人與物之間的深刻牽絆，往往是建築在美好的記憶上。音樂用耳朵「聽」和用文字「看」是很不一樣的，當音樂幻化成文字時，經由不同的文字抒寫表達，我們可以看到不同的聲音記憶。追尋過往的聲音，也如同進行召喚過往自己的儀式，書中所談到的各類型音樂、黑膠唱片是不同世代的青春回憶，但我也相信，即使是未曾接觸過的人，也都可以藉由《尋聲記》領略感受到不同的時代想像與生活滋味。**（吳雅慧／舊香居店主）**

尋聲記

Contents 我的黑膠時代

輯二　思想起

輯三　昨日歌

輯一

憶舊遊

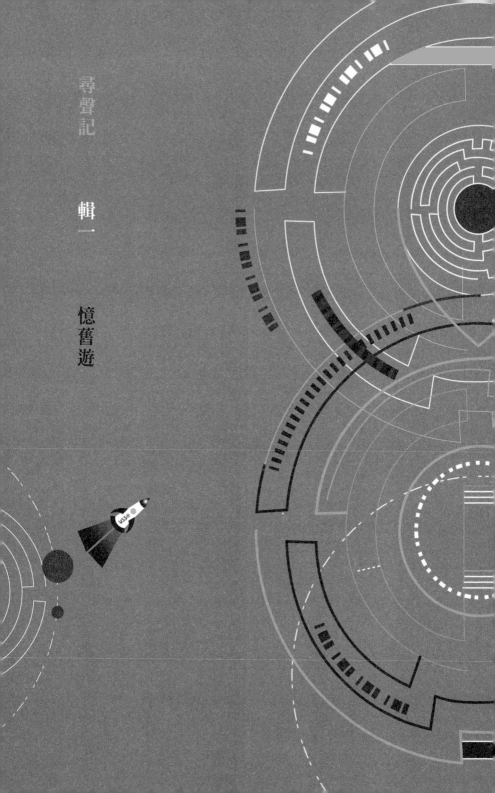

記憶中的淡水最後一班列車

談起火車鐵道，總是不禁讓我腦海中的塵封記憶翻揚而起。

想念小時候仍依稀記得這樣的畫面：一群孩子沿鐵軌兩邊一字排開，每個人趴在鐵道上，耳朵貼著鐵軌、仔細聆聽，等確定沒有聽到火車聲之後，每個人方纔彼此張手踩步，踏著鐵軌向前行。童年記憶，似乎就銘印著這些無所事事但卻鮮明美好的足跡片段。

伴隨著一圈又一圈規律運轉的轟隆聲，列車沿著軌道搖搖擺擺地前進，時快時慢，窗外流動的景象就像是一部永遠都播不完的電影，風光迤邐、稍縱即逝，卻如圖騰般烙印在記憶深處。值此，在所有大眾交通工具當中，最令我感到印象深刻的毋寧就是火車了。

一九八八年七月十五日「淡水往台北最後一班列車」紀念照片
（作者收藏翻拍）

〈淡水平快〉／詞曲演唱靳鐵章／一九八六

這是一列開往淡水的平快
轉動的車輪踏向前行的軌道
旅人們茫然的目光
刻畫著過去與未來的心情
人間的滄桑或許是心裡沉重的行囊

這是一列開往淡水的平快
轉動的車輪踏向前行的軌道
身旁老阿婆，一針一針勾織著毛線
我的憨孫那偎，不知有卡大漢沒

一九八六年，那時才十歲的我，沒去過淡水，卻因從廣播收音機裡初次聽到〈淡水平快〉這首歌而開始對「淡水」這地方有了一種浪漫的想像。那一年，行政院經建會正式通過「台北都會區大眾捷運系統計畫」，確定原由日治時期台灣總督府鐵道部興築於一九〇〇年的台鐵淡水線即將被拆除、改建為捷運路線。此一消息公布之後，頓時令許多人驚覺心裡五味雜陳，其中有感傷，有唏噓，也有糾結，惆悵纏綿，更有從四面八方趕來的鐵道迷，以及過去每年每月都要搭乘這班舊淡水線平快車往來台北淡水兩地通學通勤的青年學生與普通民眾，為了他們以往曾經傾注在這條鐵路上的青春歲月而紛紛表達萬般不捨和惋惜，另在那年二十七歲、業已發表個人首張唱片專輯的民歌手靳鐵章還特別為此譜寫了一首帶有如清流般田園氣味的〈淡水平快〉。

從十九歲開始寫歌，靳鐵章的歌每每散發出一股特有的中國山水文人風格，以及帶有一點與世隔絕的感覺，就像是一幅簡單樸素卻意韻深長的風景素描。舉凡回憶那老式柴油動力的藍皮普通車廂一節連一節，沿著淡水河畔單軌鐵道蜿蜒前行，經過雙連、圓山、士林、石牌、王家廟、北投、忠義、關渡、竹圍，最後就會來到一處可以看山、看海、看夕陽的美麗小鎮。

想望這條貫穿台北盆地、穿越關渡隧道的「北淡線」，又豈止是交通功能?有時偶

《靳鐵章素描專輯》專輯封面／1987年／喜瑪拉雅唱片
（作者收藏翻拍）

然搭上這班列車，光是乘坐本身這件事或是在途中不經意邂逅的窗外風景，就足以讓人享受承載著青春晃盪的無限美好。此外，據聞「北淡線」車廂內來往乘客多半具地緣性，一般若非左鄰右舍即是親朋好友。有些路段兩旁房舍都蓋得非常密集，彷彿一伸出手來就會碰到住家的屋簷，就像是一條流動的街坊。

話說一九八八年七月十五日這天，正是台鐵公司對外宣告「北淡線」日常營運的最後一天。根據當天新聞報導陳述，傍晚時分，由台北車站往淡水線的月台開始湧入了大批人潮，包括像是學生、通勤上班族等，甚至不乏還有全家扶老攜幼。許多民眾陸續湧向售票窗口，等買到車票之後又紛紛排隊蓋紀念戳，有的還請值班的站務人員、列車長在車票上簽名留念。待約莫晚上十一點二十分左右，開往淡水的最後一班

一九八八年七月十五日「台北往淡水最後一班列車」火車票根（作者收藏翻拍）

《淡水最後一班列車》（活動紀念專輯）封面／1988年／天際唱片（作者收藏翻拍）

列車，自台北車站第六月台緩緩進站，一旁等候的群眾隨即蜂擁而上搶搭火車，有的甚至不顧形象，從窗戶跳進車廂內，更有許多人趕忙著拿起相機猛拍照，深怕遺漏了往後可能留存在人們記憶當中的任何一個畫面，也有人特別錄下火車行駛的聲音留作紀念。隨之，到了晚上十一點四十五分火車鳴笛，此時月台上和車廂內響起了陣陣的歡呼聲，在場民眾依依目送這最後一列老火車離去的身影，歷經八十七年歲月風光的「北淡線」從此走入了歷史。

然而，由於當時人們對於參與「淡水最後一班列車」的活動迴響實在太過熱烈，以致於原本宣布停止營運的隔天（也就是七月十六日）還必須加開一列火車來疏運前一天擠不上列車的民眾，可想見當年「北淡線」的確掀起了一股不小的懷舊風，就連商業取向的流行歌曲唱片業者似乎也都敏銳地嗅聞到了蔓延其間的某些時代氛圍。於是乎，就在「北淡線」宣布停駛的那年一九八八，由「天際文化」唱片公司出版發行，並與「鐵路局」、「民生報」、「省立美術館」（今「國立台灣美術館」）共同策畫一張前所未見、史上絕無僅有——專為緬懷「北淡線」量身訂做的《淡水最後一班列車》活動紀念專輯於焉醞釀而生。

因為火車是流動的，鐵軌是河。所以侯孝賢說：「火車和音樂其實是一件事，兩者都是流動的事物、流動的感覺。」

顧名思義，此張《淡水最後一班列車》專輯唱片即為紀念「北淡線」停駛所發行，意欲將列車沿線的風光景致一一譜成淡淡的聲音記憶，而更值得玩味的是，唱片裡的每一首歌詞內容，皆出自當時台灣島內知名文學作家之手，諸如陳幸蕙的〈歲月之旅〉、陳克華的〈終站之後〉、袁瓊瓊的〈當火車經過〉、謝材俊（筆名唐諾）的〈且分憂喜為衣糧〉、阿盛的〈火車與稻田〉、心岱的〈記憶的站牌〉、簡媜的〈北迴歸線〉以及蘇偉貞的〈遺失了火車的軌道〉等，且聽彼時華語歌壇青春歌手鍾艷、方婕安以其孕於八〇年代特有的閃亮女聲悠然唱道：「綿延於河畔的碧野，我寫下浪漫動人的句點，且以告別的手勢，溫柔如風，為往事迤邐出懷念的轍痕」（陳幸蕙詞）、「那是個家常的地方，小雨始終不斷，奢侈的藍天和陽光，鄉音依然熟悉……兩個小時的車程是太短的鄉愁，總在睡醒時才發現，已經過站」（謝材俊詞），那些字裡行間彷彿不斷流動的風景與顏色，在這些歌裡總是令你感覺有非常多的畫面：平交道、老車站、安靜的碼頭邊、淡水的鐵蛋、魚丸湯，抑或勾連起那記憶中不曾消散的庶民氣味（以及青春的況味），海風鹹鹹、魚菜稻香，讓人回味無窮。

至於整張專輯當中作為開場的第一首歌〈淡水最後一班列車〉，則是當年甫從歌壇

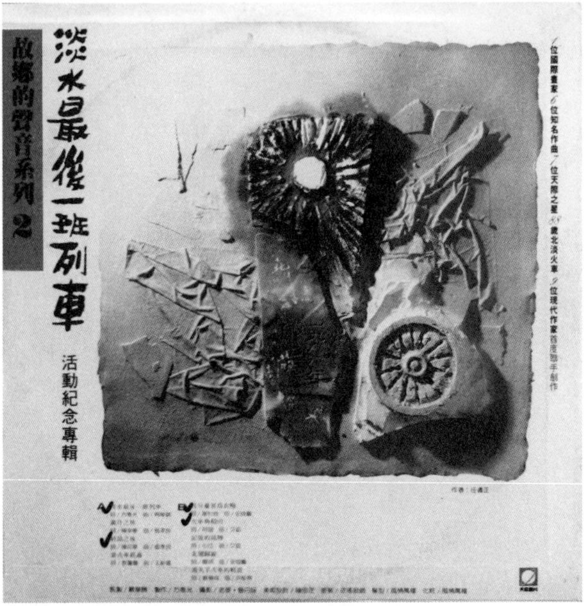

《淡水最後一班列車》（活動紀念專輯）封底／1988年／天際唱片（作者收藏翻拍）

出道的周華健開始嘗試作曲、資深詞人方惠光擔綱填詞的早期作品：「淡淡的水，淡淡的別離傷悲，留下最後一瞥……七月的你默默地即將離去，你是流浪的河，從往昔奔向那裡，就要別離……你是我心中最美的回憶，伴我展翅飛往無邊的天際，你是一道通往幻想的鐵軌，帶我滑進遠方的歡笑與傷悲，你是我飛回，舊夢的鐵軌」。昔日的我，對淡水亦是如此的想像。之後，隨著一九九七年淡水捷運線的開通，儘管沿途同一路線的山水風光依舊明媚，卻已然兼容了不同世代青春的記憶重疊，而近二十年來大台北都會區的快速擴張和炒作也使得淡水地方的純樸面貌有了諸多改變。

值此，每當自己回頭聆聽這些二、三十年前的老歌時，便經常於內心感到一股既甜美又苦澀的滋味。所謂「往事再現」，大抵即意味著透過音樂語言的召喚，回想起自己曾經熟悉、如今卻再也看不到的地方。傾聽〈淡水最後一班列車〉那段以火車串起城市鄉鎮的時代歌聲，便能映照出鐵道裡藏著許多人的青春歲月，而那些屬於年輕的記憶，往往也是最教人永難忘懷的。

夜晚，傾聽一個男人說話唱歌的聲音

Somewhere in time
（曾幾何時）
You came into my world
（你來到我的世界裡）
Love was beyond what I imagined love would be
（愛情遠比我想像的美麗）
Now just a dream
（但是現在，這只是個夢）
I hold till the end of time

《舊情綿綿 II》（李季準感性歌謠薪傳）專輯封面／李季準製作／1989年／貴族唱片（作者收藏翻拍）

（直到最後一刻我仍緊緊的握住）
Hoping someday we'll find what we left behind
（希望有一天，我們能找回之前所留下的一切）

剎那間的似曾相識，抑或時光交錯的惆悵，在彼此相遇的那一刻，突然令你覺得眼前某個場景好像從前經歷過，有點熟悉卻又彷彿說不上來的陌生，類似這般經驗（和記憶）或許很多人都曾有過。而我，只要一聽到《紅伶心事》英文專輯裡黃鶯鶯翻唱〈Somewhere In Time〉這首風靡於八〇年代的經典電影愛情歌曲，便會不禁回想起多年以前，中廣電台每到午夜準點開播「感性時間」的資深廣播主持人李季準（一九四三—）。

「英國的韓特說，地球有兩個世界，一個是疆界與戒律可以衡量的世界；一個是我們的心與想像力可以感受的世界……感性時間，祝您晚安！」彼時節目中李季準總是以他特有低沉寬厚而極富魅力的磁性嗓音，深情款款地道出這麼一段溫潤獨白作為開場，而同時搭配播放的背景音樂，就是這首絕美悠揚、卻也同時斷人愁腸的〈Somewhere In Time〉，恁由心神隨著一代配樂大師John Barry譜寫的旋律曲調漂蕩晃漾，閃現出一幅幅癡想夢醉，青春最美、失落最真，感覺就像是回到了國中時期那段準備高中聯考挑燈苦讀的夜晚，至今想來仍教人迷醉不已。

過去，在那個電視頻道只有老三台、民間有線電視（第四台）才剛出現而尚未普及的年代，每當我上完課回家之後一打開收音機，聽著李季準主持的夜間節目，內心就有一股安定的感覺。他每說一句話，似有回音，宛如蒼松般，還帶著磁性，讓人充滿想像。從晚間七點的「知性時間」到午夜時分的「感性時間」，曾經有很長一段時間不知陪伴我度過多少深夜睡前涼風徐徐的青澀時光。

隨之，待年歲漸長、驀然回首，我特別懷念起李季準的聲音，似乎總有一種濃厚的、帶有些老派風格、很Man的味道，講起話來慢條斯理卻又鏗鏘有致，讓聽眾聽得投入，話語間也很少有贅言，字字句句都是珠玉。記得當時印象猶深的，還有在廣播開頭放送完國歌之後都會先來一段他為「華貴牌寶麗絲褲襪」所錄製的著名廣告配音。每回聽到他用那充滿磁性的迷人嗓音唸著「濃濃絲襪……腰部以下全部透明」，彷彿感覺他並不僅僅是在打廣告，甚至根本就像身旁有個情人在耳邊呢喃著要幫妳脫掉絲襪似的。

正因李季準的聲音醇厚飽滿、沉穩如鐘，讓我初次體會到，一個男人最性感的地方並非外表或裝扮，而是在於他說話的那份自信與神采。

自承貌不出眾、身材瘦小的李季準，平時沉默寡言，可一旦話題對了口味、話匣子打開，便會不期然滔滔不絕起來。據聞他常日以繼夜地工作，且精力過人、幹勁十足，除主持節目外，也為廣告或影片配音，從小聽學勤練說得一口字正腔圓的標準北京話，卻是道地生長在雨港基隆的本省人，就讀高三期間還曾得過全省演講比賽冠軍。年輕時作風特立獨行的他為了投考師大音樂系，每天跑到學校附近的山上吊嗓子，後來卻未能如願考上，十九歲那年（一九六二）便在一位地方要人推薦下進入基隆益世電台謀職，並利用工作餘暇戮力進修而考入世新夜間部編採科，每晚從基隆趕到台北上課，如是半工半讀、忙碌度日。

一九六六年，李季準入伍服兵役，退役之後他亟思另換工作環境，恰逢當時中廣招考節目主持人，李季準便去應試，結果從一千四百多位角逐者中，以第一名成績脫穎而出，從此一待四十個年頭（直到二〇〇六年發現罹患扁桃腺癌後逐漸退隱）。一九七五年，中廣成立調頻台，李季準有鑑於往後台灣社會步入工商時代晚睡者勢必愈來愈多，且多半內心空虛，故而決定在調頻台開闢一個以日常小事溝通情感、陶冶性靈為主的新節目「感性時間」。該節目原本只有半小時，後來延長為一小時，並把

《舊情綿綿 II》（李季準感性歌謠薪傳）專輯封底／李季準製作／1989年／貴族唱片（作者收藏翻拍）

播出時段由晚上十點延至子夜凌晨。從開始到落幕，「感性時間」連續放送超過二十年，得到知音無數，堪稱李季準生平最費心盡意製作、經營最久的空中節目。

值此，恆常在子夜報時的渾厚音域，儼然成了李季準撫慰那些守候在收音機旁的孤獨人心、同時藉此關注社會文化脈動的對話窗口。他在節目裡不邀（名人）來賓訪問，只講一些日常話語相關的意趣哲思、並且單純只放音樂作背景。除此之外，他又首開風氣之先，不惜親自上山下海、走遍街頭巷尾採集台灣各鄉鎮具有濃厚地方特色的自然與人文聲音為主題，並配合當地民俗采風和人物（對話）專訪，製作成獨一無二——結合實境廣播以及報導文學形式的「聲音旅記」。比方你會聽到他在基隆媽祖宮廣場前的老冰淇淋店，或在彰化的傳統肉圓攤，悠遊自在地與忙碌中的老闆閒聊，你可以聽到冰店讓小孩玩抽籤的圓盤快速轉動射鑿子發出清脆的鈴響，或是肉圓攤主人用剪刀剪開肉圓輕觸瓷碗底部，以及鐵叉子劃過碗邊的碎音。這時你的嘴裡就會不由自主地幻生宛若冰涼綿密的甜潤口感，還有香菜甜辣醬的氣味，彷彿你就坐在鐵皮三輪車旁的圓凳子上，大快朵頤的同時也正聽著食攤老闆訴說人生種種。孰料經過多年以後，不知當年我所記憶的那些珍貴聲音紀錄是否仍有被中廣電台妥善保存下來？

及至一九八八年，近四十五歲、已在廣播電台說了大半輩子漂亮北京話的李季準，乃毅然決定回歸故鄉母語的懷抱，走進錄音室裡悠悠唱起了台語歌，並自行擔綱唱片製作人，接連在翌年（一九八九）陸續出版了兩張台語流行歌曲個人系列專輯《舊情綿綿——李季準感性歌謠薪傳》。身為一名資深廣播人而非專業歌者，唱片中李季準的歌藝表現雖可謂差強人意、卻顯然流露一股激昂的熱情（早期他還是歌唱節目「蓬萊仙島」的主持人，歌聲也不錯聽！），誠如他在演唱洪一峰成名曲〈舊情綿綿〉所搭配一段旁白自述：「這歌傳唱三十多年，當時少年而今已歷滄桑，凡已逝的悉皆美好，因此舊情難忘，每唱這首歌，都覺得自己唱的最好，因為唱的都是心裡自知的真情。」

不期然聆聽這套唱片裡的每首歌，我總會在主旋律出現之前閉上眼，用耳朵感受那熟悉的沉厚音質，像是經過喉結而化出的濃醇老酒，如流水般從身上流淌過去。「聽說苦戀歌是為男人寫的，男人失戀的聲音有點像重感冒、發高燒之後的吶喊」，即便在感傷之餘唱著楊三郎與那卡諾譜寫的〈苦戀歌〉，李季準偶爾也會在口白中閃過一絲自嘲的幽默，這聲音竟是如此低沉且溫柔得讓人安適。

那時候的廣播，大抵正逐漸從繁盛步入式微，甚至一度使部分學者認為「聲音廣播的末日已到」。其實早在電視尚未普及以前，收聽廣播可說是人們生活中不可或缺的一部分，二戰期間義大利獨裁者墨索里尼曾公開承認他是透過廣播來將義大利「法西斯化」，至於上世紀三〇年代美國羅斯福總統著名的「爐邊談話」（Fireside chat）毋寧更是安撫及振奮了當時處於經濟大蕭條期間無以數計的美國民心。隨之，廣播最後與電視共存下來，並未絕跡，而是以不同的形式來面對其它媒體的挑戰。

如今在這視覺影像發達、數位媒體多元化的時代，只要和台灣本土文化相關的電視廣告、電影旁白，幾乎都是吳念真的聲音（或蔡振南）——操著一口親切的台灣國語與眾人搏感情，但相較於我小時候（那些日子仍是在學校講「台語」就會被罰錢的戒嚴年代）印象最深刻的，反倒是李季準的聲音。

每每深夜，播放黑膠曲盤悉聽李季準的歌聲及話語，回顧過去他主持廣播節目的聲音畫面遂如影隨形地湧現，像一段隱密的回憶，而伴隨光陰流逝備感懷念的，還有咱那時童年歲月無憂的年紀。

我們都回不去了

——告別美麗的特富野

至今，我始終難以忘懷小時候隨家人上山、初次乍見雪霸連峰聖稜線時，那份內心強烈莫名的悸動，一如我離開學生時代多年之後，方纔有緣相遇的那首歌、那張黑膠專輯也是。

五月的細雨飄飄
落在別離的山路上
特富野的姑娘喲
妳聽聽大崩山的落石隆隆

《特富野》（邱晨報導音樂專輯）封面／1987年／飛碟唱片
（作者收藏翻拍）

我心中也有一座山

也為妳崩落濃濃的思念

——邱晨〈告別特富野〉／一九八七

憶往追昔，回溯童年在我仍就讀小學的片段記憶中，那一年正是每逢七十六年週期才繞行一圈的哈雷彗星最接近地球的時刻。彼時亦為校園民歌風潮盛行、青年學子鼓吹「唱自己的歌」的年代。印象中最常聽到的，便是甫從淡江國貿系畢業、帶有濃厚書生氣質的李建復（一九五九—），一曲高歌〈龍的傳人〉堪稱橫掃全台大街小巷、家喻戶曉。除此，早昔就讀政大新聞系的邱晨（一九四九—），據說當年在校刊編輯室裡同樣也是無憂無慮、隨性自在地彈著一把吉他，以輕快柔和的歌聲抒盡情懷，並接連寫下〈小茉莉〉、〈風告訴我〉、〈看我聽我〉這類曲調樸素小清新、彷彿不問人間煙火的風格民歌。

直到我偶然聽見「丘丘合唱團」與〈就在今夜〉這首歌的出現，像是一道熾熱的彗星般劃過天際，伴隨熱力十足，宛若電石光火的搖滾節奏，加上主唱娃娃（金智娟）

充滿青春洋溢的沙啞磁性唱腔，從〈就在今夜〉前奏流洩出第一個音符開始，身體裡的跳舞細胞便會不自覺地蠢蠢欲動，雙手也不禁跟著曲中奔放的節奏擊掌自嗨，開創了所謂電音「民謠搖滾」新風貌，令人心醉神迷。而台灣歌壇前所未有的女主唱與樂團之間的表演組合，更像是穿越兩座山頭的對話，高潮迭起，也似來回星軌，交疊成今夜最美的銀河。

對於邱晨來說，在他創組「丘丘合唱團」以〈就在今夜〉一曲成名後，很快卻也面臨了許多當初意想不到的各種困擾，包括地方黑道勢力開始介入其演唱事業，以及和唱片公司、團員間的溝通問題等，致使未及半年內，邱晨便毅然選擇退出歌壇舞台。那年（一九八三）他三十四歲，正是創作能量最旺盛、歌唱事業最活躍的顛峰期。當時已然下定決心不再與唱片公司合作的他，有感於對台灣社會的無奈，遂轉而縱情山水、恣意山林間——從大甲溪上游經梨山到合歡溪，從雪山到磺流溪，他先後前往北勢溪支流與金瓜寮溪上游，造訪拉拉山東麓之福山與哈盆，看見苗栗中港溪受汙染的景象，也探訪了東部各河口及南橫。那些年，邱晨幾乎走遍島內各處名山大川，一站又一站地旅行著，也讓他得以更深入瞭解彼時台灣的環境危機（包括李長榮化學工廠汙染、鹿港反杜邦等環保運動），以及那些被主流媒體刻意忽視的陰暗角落。

後來他在一九八六年五月梅雨季時，即向嘉義縣內最深山的部落走去，來到了嘉義吳鳳鄉達邦村特富野。

這裡，乃是鄒族（Tsou，當時稱「曹族」）的世居地，周藍萍筆下那首傳唱極廣的〈高山青〉歌詞裡「美如水」的「阿里山的姑娘」，以及「壯如山」的「阿里山少年」，指稱的正是鄒族的青年男女，他們也是曾經被國民黨官方文化霸權歧視下所捏塑「吳鳳神話」而遭長期汙名化的吳鳳鄉原住民後代。遠從上世紀初，日本殖民政權的「理番政策」以降，接著又有戰後國民黨施行「山地同化政策」，再再使得鄒族的傳統文化如花果飄零，幾乎式微了。

遙想當年馳騁於山野的鄒族獵人，只見陽光灑落在原始的紅檜林間，秋日的楓葉染紅了山頭，邱晨彷彿在此感悟了往昔曾經風光的山林之歌，一種近乎原鄉呼喚的歷史情懷，讓他開始思考如何讓音樂創作回歸土地、反映環境。

當時，有一場震撼全台灣的社會運動事件正如火如荼地展開，那是一九八六年，十八歲鄒族青年湯英伸犯下殺害雇主一家三口的重大刑案。起初，湯英伸以強盜殺人罪名遭起訴、一審被判死刑，消息傳回他的故鄉「特富野」部落，全村譁然！隨後，該案於二審時引起《人間雜誌》主編——作家陳映真的高度關切。後來包括邱晨本人，以及原住民音樂學者明立國、歌曲創作者、原住民詩人莫那能、小說家黃春明等也都陸續來到「人間」編輯部，大夥全擠在人間雜誌社小小的辦公室裡討論替湯英伸爭取「槍下留人」的一切可能，甚至就連一些早年黨外政治人士及人權團體也紛紛加入聲援行列。

那年八月，參與聲援行動的邱晨便與其他記者同住在阿里山的特富野部落、湯英伸的老家，大家一起分工找資料，官鴻志負責寫報導，邱晨收集山上的部落歌謠並採訪被害雇主的家人。及至翌年（一九八七）二月，邱晨還參加了特富野豐年祭，留下珍貴的實況錄音。

最終，由於當年仍屬戒嚴時期、不敵「殺人者千夫所指」的社會輿論壓力下，作家陳映真等人拯救湯英伸的行動依然不能挽回其生命。一九八七年五月十五日，鄒族名「迪亞」的湯英伸終究伏法（槍決），成為台灣史上最年輕的死刑犯。邱晨更是懷抱無比沉重的不捨與無奈，且引用湯英伸在獄中寫給家人的書信字句，為他譜出了〈真想痛哭一場〉這首悲傷的歌：

好想家啊！美麗的家園
只能在夢中浮現雙親的慈顏
只能在記憶的籬笆中去尋找
真想痛哭一場，真恨自己太衝動

儘管明白年輕的生命再也無法挽回，但曾親身投入其間、見證了這一切的邱晨，卻將整起事件和運動的來龍去脈、當事者的情感血淚化為音符，以傳統的鄒族部落歌謠結合現代的流行曲式、動感的搖滾聲線，從而在湯英伸過世後、於一九八七年七月出版了台灣流行歌壇前所未有的第一張「報導音樂」專輯《特富野》。邱晨特別強調，這張《特富野》唱片是「大地音樂」，而不只是具有強烈民謠氣息的「山地音樂」，更是他自從離開丘丘合唱團、退出歌壇以後，歷經四年蟄伏，以雙眼瞭望、以雙腳度量，越峻嶺、入莽林，首部自城市文明正視生態倫理的音樂作品。

過去，從沒有一張唱片像《特富野》這樣奇特而難以界說，其不落流俗的鏗鏘性格，就像邱晨在這張專輯的文案中坦然寫道：「說它是『民歌』，它遠不同於近年大多數『校園民歌』的淺薄造作。說它是『通俗歌曲』，它豐富的現代色彩與

《特富野》（邱晨報導音樂專輯）封底／1987年／飛碟唱片
（作者收藏翻拍）

前進意識，顯然超越了現有的所有舊作。當我們被這般小家子氣而幾近陳腐的框框綁縛住所有對原創作品的震撼與感動；當我們漸漸變得：除了台北，不知有台灣……」話說當年這張專輯問世之後，雖然沒有被新聞局查禁，但因不符合商業市場取向，許多電台、電視都不願播放，卻讓當時的原住民和知識份子留下深刻印象。

這張唱片裡的每首歌，大多皆由邱晨主唱，其中包括由他一手包辦詞曲創作的六首新歌、兩首改編自傳統鄒族民謠的〈朋友歡聚歌〉與〈青春之歌〉，一首吉他演奏曲〈大崩山〉，以及另外收錄一段當年（一九八七）參與鄒族祭典的現場實況錄音，而每首曲調主題幾乎都圍繞著特富野這一地方。

此處所謂的「報導音樂」意涵，根據邱晨回顧其創作歷程自述：「花了三年時間，我一直在尋找一條河、一座山或一個村落，試圖用整張唱片，描述當地的景觀和人們的生活。就像一位攝影者，溯流而上，完成整條淡水河的報導攝影。就像一位文字工作者，深入地層，完成一篇瑞芳礦工生活的報導文學。我想完成的，正是具有同樣意義的報導音樂。」

觀諸邱晨的《特富野》專輯，如同史詩般地娓娓訴說一個部落族群與個人際遇花開花落的故事，在他的音樂鋪陳中，常常流露出他心繫島上這塊土地的未來發展與社會弱勢族群的關懷，一如他筆下〈彩虹少年〉歌中所唱：「我坐在斷崖下面那條溪畔，不知為何難得看見魚游來游去，產業道路年年輸出各種農產品，但願不會載走彩虹村的青春容顏」。縱使離開了美麗的特富野，邱晨的音樂依舊為人們帶來希望與安慰，亦可以看見一個音樂人洗去鉛華反璞歸真的心境，以及彼時八〇年代台灣知識份子的人道主義與理想堅持。

長歌不負少年遊

所謂青春，即是不停地告別，亦是不斷地重逢。如此往復，直到死去。

剎那間，聞聽一首被遺忘許久的歌，就好像一個年逾不惑之人，兀自想像著，藉由聲音的召喚——重新活在青春的軀殼裡，終於做了年輕時渴望的一切，卻早已沒了昔日的年少輕狂、鮮衣怒馬，剩下的只有沉澱過後的懷舊心境，以及一種欲語還休的沉默。

俯瞰當前，在這人人只管小處做自己——關起門來過著「小日子」、「小確幸」風潮盛行的平庸時代，我輩青年的理想與銳氣漸被資本財團化的無奈現實消磨殆盡而愈顯卑微，相形之下，我尤其愈是緬懷過去那些失落已久、卻曾經喚起早昔一代年輕人胸懷壯志豪情、雍然大氣的弦歌之聲，宛如高山雲海中的日出一般噴薄，令人心曠神怡。

《少年遊》專輯封面／1978年／四海唱片（作者收藏翻拍）

〈少年遊〉／吳念真作詞／李泰祥作曲／一九七八

眼看海棠滴血，耳聽龍吟不絕
是我炎黃子孫，怎堪含怨長年睡
嘿唷！嘿唷！少年中國，躍馬揮劍
嘿荷！嘿荷！且將王師旌旗插遍中原
頭頂崑崙積雪，腳踏黃河濁浪
多少憂愁積鬱，怎被雨打風吹去
嘿唷！嘿唷！少年中國，拔刀長嘯
嘿荷！嘿荷！盡把國仇家恨震落腳底

話說當初美國總統卡特宣佈「中美斷交」之際，那年（一九七八）冬天似乎特別的冷。對此，早昔以古典音樂科班出身（國立藝專音樂科主修小提琴）、隨之輾轉投入流行音樂創作、年方三十七歲的李泰祥（一九四一－二〇一四）即以歌樂抒懷，乃毅然決絕地寫下了這首謳歌島內青年學子滿懷激亢憤慨之情、感時憂國的

〈少年遊〉，主唱者為早年校園民歌時期曾經風靡一時的陳明（一九五二—）與王誠（一九五五—）。打開黑膠唱片封面折頁，只見兩人各自的特寫獨照相互對望，王誠留著兩撇性格的小鬍子，而陳明則生就一張娃娃臉、外表看來較白靜斯文。觀諸整張專輯封套設計除了書法家董陽孜的題字以外，全無其它多餘素材，於簡潔風格中透著一股凜然大氣。

此處聆聽該專輯由陳、王搭檔的「男聲二重唱」於〈少年遊〉歌中盡興熱烈地抒唱及感奮地呼喊：「頭頂崑崙積雪，腳踏黃河濁浪，多少憂愁積鬱，卻被雨打風吹去」，彷彿柔美流麗和輕狂浮動的意象都已遁跡遠方，其間又似有一絲沉重的空氣縈繞揮之不去。兩人復於樂句結尾擬仿穿插雄渾豪邁、一領眾合的民間勞動號子「嘿唷～嘿荷～」，而當歌者唱和「少年中國，拔刀長嘯，盡把國仇家恨震落腳底」，此時歌曲氛圍遂由憤慨轉向明朗，一種熱烈的情緒於焉重新升騰，原本在內心交織著堅定的信念亦開始油然而生，且於酣暢淋漓氣勢磅礡的濃烈弦音當中，猶若照見那一代人青春噪鬱的浪漫身影。

想像漂泊在大陸北方廣袤的神州土地上，這首非常抒情的長歌裡那個的「少年中國」，毋寧是作曲家所有歌中被遺忘的一個重要的靈魂。

《少年遊》封面折頁／1978年／四海唱片（作者收藏翻拍）

回溯上世紀七〇年代末、以至八〇年代初的這段期間，正值台灣社會面臨劇烈變革之勢風起雲湧，島內經濟騰飛，國民所得快速成長，同時也是民歌運動最為繁盛、百花齊放的年代。繼楊弦和胡德夫於一九七五年在台北市中山堂演唱余光中詩作〈鄉愁四韻〉之後，翌年（一九七六）李雙澤在淡江大學的一場民歌演唱會台上拋掉可樂瓶、拿起吉他悠悠唱起了自己的歌，繼之崛起的流行歌樂創作者如侯德健、羅大佑、李泰祥、李壽全等年輕人才輩出，彼時憂民淑世的知識份子、文藝青年亦紛紛走出學院，開始大規模地關心自身腳下的這片土地，進而發起一系列的本土文化回歸行動。

如是，為響應詩人余光中宣稱「讓現代詩和音樂結婚」的號召下，李泰祥稔熟地運用古典音樂作曲功底，以及遺傳自阿美山地民族真摯豁達、隨遇而安的詩性氣質（一如作曲家本人的愛情與際遇來得快也去得快），編織了一幅又一幅色彩繽紛、〈管弦樂〉配器精巧如夏花般絢爛的「新民歌」風景。當時，李泰祥作品中許多帶有些實驗性質、富含文學氣息的歌詞內容往往出自各方名家詩作，包括像是鄭愁予〈錯誤〉、三毛〈橄欖樹〉、羅門〈春天的浮雕〉、林綠〈蹈〉、葉維廉〈你我擁抱旭日〉、席慕容〈戲子〉、瘂弦〈歌〉、余光中〈傳說〉等歌，彷彿浸透了純淨明朗的音樂畫面汩汩流洩而出，聲腔裡一字一句都是味道。

追想二十多年前那青澀的學生時代，我曾經非常喜愛李白的〈少年遊〉：「武陵少年金市東，銀鞍白馬渡春風，落花踏盡遊何處，笑入胡姬酒肆中」。詩描寫一群春風得意的遊俠少年騎著駿馬四處闖蕩，出入於有西域女子招呼的花海酒肆，彼此之間由於放蕩不羈、意氣相投而相逢聚飲，好不痛快！人生在世，就該像這樣不為世俗所累、遊戲人間，敢言他人不敢言，何等瀟灑！

誠可謂「走馬狂歌同載酒，不負天涯少年遊」。

這一闋不知早已傳唱了幾代人的經典樂府詩，千百年來總在音樂的想像中醞釀為一種美麗的姿態，飛花逐夢、雲起雲落，簡單得像是任何一個人的青春時代。且從歷史長河來看，每一代社會價值觀迥異的年輕人，參照某些共通處其實也都在不斷地透過歌唱詮釋著屬於個別不同世代的〈少年遊〉，諸如九〇年代以流暢的真假音高亢美聲著稱、被喻為謫世天籟的優客李林（一九九三），以及近幾年出演過多部武俠電視劇、聽其略帶鼻音的磁性歌聲中似有一股俠義之氣的任賢齊（二〇〇二），還有晚近崛起於彼岸中國的新生代偶像歌手魏晨（二〇〇七年參加湖南衛視《快樂男聲》獲季軍出道），聽那餘韻迴盪之間彷彿咸有他們各自殘酷青春的記憶與想像中的江湖。

觀諸台灣戰後華語流行樂界，最早寫於一九七八年的這首〈少年遊〉，歷經世事變遷多年後，包括李泰祥自己以及評論家都很少提及，而原唱者陳明、王誠兩人雖於一九八〇年繼續合作灌製了第二張專輯《客廳裡的青蛙》，同時也曾在李力安執導的電影《明天只有我》一度嶄露頭角，之後沒過幾年很快便從歌壇舞台隱退，相形使得這張烙有濃厚國族情懷印記的《少年遊》專輯長期遭到冷落，知名度遠不如李泰祥麾下星光熠熠的女弟子齊豫、唐曉詩演繹的〈橄欖樹〉、〈告別〉等經典歌曲那般廣為流傳。

據聞當初由電視歌唱節目脫穎而出、陳王二重唱組合之一的王城，自從遠離台灣歌壇之後幾乎每年都會往大漠遊走一遭，與生俱來流浪性格的他，這些年走遍蒙古草原跟新疆沙漠，於二〇〇四年出了一張滿是滄桑沙啞之聲——以蒙古民歌特有的低沉喉音詠嘆大漠草原風情的發燒唱片《多美麗呀》。後來他在北京認識了來自新疆刀郎村的維吾爾族樂手「圖爾遜」跟「艾克拜兒」，共同組成「鐵汗樂團」，並從「東方的吉卜賽音樂」為概念出發，接著又發表了一張即興創作專輯《自由、簡單、愛》。

王城說：「流浪可以選擇的時候，就是一種幸福。」至於一個歌手身上的浪漫血液，則往往根源於年少輕狂。過去台灣八〇年代藝文界都嚮往流浪到遠方，包括作家三毛的《撒哈拉沙漠的故事》、民歌手齊豫的〈橄欖樹〉，乃至陳明、王誠的〈少年遊〉，儘管「門外即是天涯，有無邊的旅意」，人們渴望遠行出走的情感也就這樣被不停地撩撥著，但我們的作曲家卻還是能在故土和歷史的天空中找到自己的聲音。

總難忘英雄美人、高歌纏綿

我一直覺得粵語（廣東話）平常講話不大好聽（感覺像在對罵似的），但唱起歌來卻是別有一股莫名的韻味，音調抑揚頓挫、歌聲鏗鏘，著實動聽極了！

憶想當年，記得小時候有許多耳熟能詳的武俠電視劇主題曲幾乎都是粵語歌，包括像是鄭少秋的〈楚留香〉、羅文的〈小李飛刀〉和〈射雕英雄傳之鐵血丹心〉，另外還有關正傑與關菊英合唱《天龍八部》劇中的〈兩忘煙水裡〉與〈萬水千山縱橫〉等經典名歌。

「女兒意，英雄癡，吐盡恩義情深幾許；塞外約，枕畔詩，心中也留多少醉……」每當一聽見從曲盤裡傳來關正傑溫厚瀟灑的嗓音徐徐唱道：「笑莫笑，悲莫悲，此刻我乘風遠去；凝悲，忍嘆，無可奈，往日意，今日癡，他朝兩忘煙水裡」，如是追懷

《楚留香》（鄭少秋主唱）專輯封面／1982年／麗歌唱片（作者收藏翻拍）

昔日第一次觀看武俠片的情景，至今仍念念不忘，彷彿金庸筆下豪邁凜然的北方大俠「喬峰」欲從歌曲旋律裡頭走了出來，而這既燦爛光明又充滿纏綿的聲音何止是會教你聽得熱血沸騰！倘若多聽幾回上了癮之後，有時或許也不免幻想著自己根本就是劇中充滿俠義又多情的大俠化身！

追溯彼時七、八〇年代正是戰後台灣電視行業發展蓬勃的黃金時代，家家戶戶每晚在家中一邊收看著電視劇、一邊配飯閒話家常的同時，亦伴隨著無數台灣人一起成長。當年（一九八二）香港無線電視台繼《倚天屠龍記》之後、再找來原班人馬拍攝《楚留香》首度以粵語原音登陸台灣，遂形成一股前所未有的港劇熱潮，那時只要一到了每週日晚間八點的播放時段，左鄰右舍幾乎都是萬人空巷，據說當時也對週末電影票房頗有影響，因為他們全都要趕回家準時收看《楚留香》而不上戲院，足見《楚》劇在台的暴紅程度，另由男主角鄭少秋演唱的粵語主題曲亦為傳遍大街小巷，坊間盜版唱片不計其數。還記得我剛上小學一年級時所使用的墊板文具，上面印的就是楚留香和蘇蓉蓉等人的電視劇照，而那年頭差不多每個台灣囝仔都對「香帥」在劇中的招牌動作「彈指神功」印象深刻，且於身旁不乏有些調皮搗蛋的男孩子說著說著就乾脆挖出了鼻屎，大展「彈鼻屎神功」……

原先由於《楚留香》一劇在港台兩地大受歡迎，相對也促使台灣各家電視台相繼跟風、接連引進港劇《英雄出少年》、《天蠶變》、《天龍八部》等武俠片，其中我特別喜歡一九八二年版的《天龍八部》這部戲，也愛聽關正傑的歌聲，儘管後來在這二、三十年間《天龍八部》曾被翻拍了許多版本，無論就故事情節或演技方面均頗有超越前人可觀之處，但就音樂而言，我始終覺得還是只有關正傑和關菊英所唱的歌曲最令人蕩氣迴腸、並且最能契合原著小說所欲表達的情境氛圍。

每逢夜闌人靜的時刻，聆聽關正傑的歌曲總是別有一番華麗風致，旋律優美、詞意動人，鬼才黃霑譜寫的詞無疑當屬一絕！

話說早年畢業於香港大學建築系的關正傑最初以業餘歌手身分晉身樂壇，八〇年代前後唱過許多當紅的電視劇粵語主題歌，一九八二年獲選為香港十大傑出青年，一九八五年獲英國頒授榮譽獎章，隨之於九〇年代徹底淡出歌壇並移居美國發展建築事業，從此拒絕作任何公開露面。但他灌錄的唱片專輯有不少仍然為港台歌迷戲迷所喜愛，張學友也曾多次在公開場合演唱關正傑的歌曲，藉以向這位前輩歌手表達致敬之意。

無獨有偶，回顧上世紀八〇年代還有一部金庸名著改編的電視劇《射雕英雄傳》（八三年版）主題歌同樣也很難被後人超越、堪稱經典中的經典！那是由羅文和甄

《天龍八部》（關正傑主唱）專輯封面／1983年／金聲唱片（作者收藏翻拍）

妮這兩位粵語歌壇巨星聯手搭檔演繹英雄美人射雕引弓高歌纏綿的深情絕唱，尤其劇中一開場那首氣勢非凡的〈鐵血丹心〉更是每每唱得教人止不住心潮澎湃、熱血沸騰。「拋開世事斷愁怨，相伴到天邊；逐草四方，沙漠蒼茫，哪懼雪霜撲面？冷風吹，天蒼蒼，籐樹相連；射鵰引弓塞外奔馳，笑傲此生無厭倦……」觀其音韻流轉之間，彷彿金庸筆下郭靖與黃蓉的兒女情長呼之欲出，只由這寥寥幾筆便隨著羅文鏗鏘有致的磁性歌聲滲入聽眾的內心深處。此外亦包括有多首《射鵰》系列插曲如〈四張機〉、〈滿江紅〉、〈世間始終你最好〉、〈桃花開〉也都能令聽歌者深深迷醉，甚至還有些影歌迷認為當初要是沒有羅文的歌聲，那麼即使《射鵰》劇中演員表現再好，想必也定會遜色不少。

有趣的是，當年由於合唱《射雕英雄傳》而促成了羅文和甄妮這對歌壇絕妙搭擋，因此它的原聲帶（黑膠）唱片封套（封底）便採用一種特殊對折開的雙封面設計，把羅文和甄妮兩人相片各自對切疊合，左翻為羅文、右翻為甄妮，待將左右兩邊半掩面的照片合上之後即是整張唱片全貌，視覺效果委實令人驚豔！至於擔綱設計者，乃是彼時甫入行未久、年方三十出頭的香港平面設計師陳幼堅（一九五〇—）。據稱他曾形容羅文「歌中有畫」唱出了大漠蒼茫的意境及氣魄，且在每次演出前羅文都會讓助手準備一杯白蘭地、將之一飲而盡後才抖擻精神地唱出：「怒髮衝冠，憑欄處，瀟瀟雨歇。抬望眼，仰天長嘯，壯懷激烈」，而這張《射鵰》專輯無疑也是他記憶中最為印象深刻的早期作品。

曾幾何時在那樣朦朧的青春年代，哪怕歲月似水流年、滄桑流轉，一切都已改變，唯經典從未離偏，情懷依然純真無垢，月明風清。隨之，儘管後來我曾有幾回從媒體頻道偶然聽聞其他歌手以國語（北京話）聲腔唱過〈萬水千山縱橫〉或〈鐵血丹心〉等歌，但只覺粵語原曲當中那些本有的凜然氣概和豪邁味道好像突然間全都已然失語、彷彿消逝如夢！

射鵰英雄傳
第一面
鐵血丹心
滿江紅
桃花開
肯去承擔愛
長城謠
你的淺笑
第二面
世間始終你好
四張機
一生有意義
千愁記舊情
似是前生欠你
美滿前途全力創
EMI

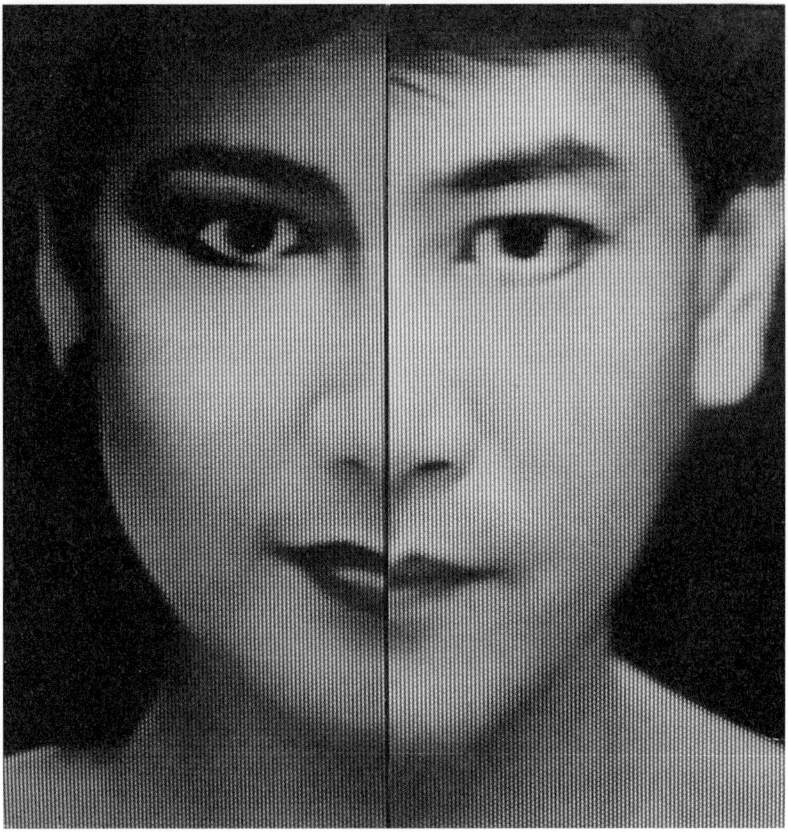

《射雕英雄傳》（羅文、甄妮主唱）專輯封面、封底／1983年／百代唱片
（作者收藏翻拍）

香蕉糯軟，姑娘多情

緑のお皿に　バナナがひとつ（綠色器皿內，一整盤的香蕉）
どなたがのせたか　すましてる（沒人提到，越來越多的）
食べてはいけない　只見ておいで（我一直在尋找的，只見妳沒吃）
一人で約束　したあの娘（那女孩獨自一人在那兒）
なぜだかバナナも　涙ぐむ（不知何故，香蕉也感動得哭了）

——〈バナナ娘〉（香蕉姑娘）／万城目正作曲／佐藤八郎作詞
／昭和二十五年（一九五〇）

印象中，日本人都知道台灣香蕉非常有名（據報導日本知名影星新垣結衣、田中千繪來台行旅每每也最愛香蕉味道）。

回想前年（二〇一一）日本的「三一一大地震」事件，當時在宮城縣外海附近出現九級地震、強烈的地層板塊衝擊接連引發大規模海嘯重創島內，致使當地成千上萬的家園破碎、許多災民流離失所，旋即引起全世界各國救難援助團體的關懷目光，而向來與日本文化交流密切、被視為「熱情且好客」的台灣人自是慷慨解囊不落人後，來自民間一波接一波的賑災捐助與物資之豐，足足使得日本民眾大為感動，其中有不少人甚至透過網路留言表示以後要「多買幾串台灣香蕉」作為回報！

相較於北方（大陸）國家習以為常的冬雪嚴寒，位處亞熱帶地區四季溫暖如春的島嶼台灣委實是個盛產香蕉的好地方。從清晨到黃昏，傳統市場裡一整年都有各式各樣的水果攤商成車叫賣，我亦聽聞家中老一輩人家說早些年頭台灣香蕉外銷日本馳名國際，滿園收成黃澄澄香蕉就如同滿山的金礦般，一度讓本地蕉農們各個大發利市、風光無限，不僅在那段物資奇缺的年代締造出台灣經濟奇蹟、為此搏得了「水果王國」、「香蕉王國」美譽，就連平日鄉民俚俗對話之間不知從何時起也開始流傳「香蕉你個芭樂」（表示罵人）的奇妙說法，當然更少不了那些詠懷台灣香蕉的鄉土歌調。

「綠色的碗盤，一條芭拉娜，心內芳香優雅，身穿金黃衫」，如是傾聽早期台語歌手林英美一口清亮婉轉的嗓音唱道：「黑暗燈火影，芭拉娜哭出聲，懷念著故鄉，南國大園埕，想要對伊甲安慰，阮講未出聲……想要送小姐，一批芭拉娜，不知伊會照鏡，看伊的身影，美麗胭脂光影影，對阮直直看」，彼時在阿公阿嬤的記憶裡曾經是收音機廣播年代紅極一時的這首老歌——名字就叫〈香蕉姑娘〉，顧名思義即以「擬人」手法描述一妙齡女子觀看香蕉園收成時觸景傷情，於是便想像自己化身成為「心內芳香優雅、身穿金黃衫」的水果名產「芭拉娜」（Banana），借物詠情、感慨萬千。

品嚐各類水果當中，我獨獨偏愛香蕉的甜美軟糯適口，加諸它一身鵝黃、光滑嬌美、姿態窈窕，就像當年接連唱紅了〈月夜的小路〉、〈賣菜姑娘〉、〈懷春曲〉、〈鄉下姑娘〉等名曲的歌壇女伶林英美宛若灑落一串銀鈴般的抒情歌聲，乍起高昂明亮、彷彿雲雀飛翔直入雲端。

然而，曲盤中徐徐傳來餘韻深長的〈香蕉姑娘〉儘管旋律優雅、詞意動人，實際上卻並非道地的台語歌，而是所謂的「混血歌」。該曲原出自日本昭和時代作曲家万城目正的歌謠名作〈バナナ娘〉，且由當代童謠詩人佐藤八郎（一九〇三—一九七三）填詞、「灣生」（意即從小在台灣長大）女歌手並木路子（一九二一—二〇〇一）演唱，同時作為電影《バナナ娘》（志村敏夫導演、並木路子擔綱女主角）主題曲，後來經過作詞家葉俊麟（一九二一—一九九八）在不失原曲意蘊之下重新填詞而改編為台語版〈香蕉姑娘〉。

回顧香蕉在台灣的栽植歷史，相傳最初於清領時期由閩粵移入，而後逐漸產業化則自日治時代為發端，和稻米、蔗糖同屬殖民經濟作物，以供應日本內地所需為主。彼時由於台蕉深受日本民眾喜愛且具有高度經濟利益，台灣總督府遂介入香蕉產銷之相關合作組織，復因其形狀似弓，官方又正式定名為「芎蕉」，並且明令各地成立「青果物同業組合」，而地方仕族鄉紳（如台中霧峰林獻堂家族）也相繼投入各種產銷活動。

香りうれしや 南の風はよ（南風吹拂歡樂和香味）
バナナ畑の 愛を吹くよ（喜愛吹來香蕉園）
さあさ　よいよい 愛を吹く（嗄啊嗄～唷伊唷伊～喜愛吹來唷）
風に吹かれて 夜露にぬれてよ（風吹飄盪，夜露沾濕）
バナナ娘は 島育ちよ（香蕉姑娘自幼在島嶼生長）
さあさ　よいよい 島育ち（嗄啊嗄～唷伊唷伊～自幼在島嶼生長唷）

——〈バナナ娘〉／音丸唱／高橋掬太郎作詞／古關裕而作曲／昭和十二年（一九三七）

當年誠如日本詞人高橋掬太郎（一九〇一——一九七〇）筆下另一闕同名歌謠〈バナナ娘〉詞句所述，一時之間島內農家蕉園遍佈，從前庭種到後院，蓊鬱寬綠、隨風飄擺，無論是「香蕉」或者「香蕉姑娘」皆成了許多騷人墨客描繪歌詠的對象。隨之，於二戰期間香蕉因戰亂而減產，及至戰後六〇年代又恢復對日外銷盛況。當時，主導產銷出口業務的「台灣省青果業運銷合作社」為宣傳台灣香蕉進入國際市場，乃委託日本「新東寶映畫株式會社」攝製一齣台語歌舞愛情片——名曰《香蕉姑娘》（導演田清，演員陳秋燕、鐘山、矮仔財、戽斗）。

該片於一九六五年正式公開上映，票房表現平平。但是，原本已通過審查的電影作品，卻因為劇中插曲有一段歌詞「香蕉好，香蕉甜，吃香蕉別忘台灣」等語，被報紙輿論擴大解釋為「當年日本侵略中國時，日本教師曾以山東省出產的水梨，教育日本學童別忘記山東省；以山東省出產的大豆，教育日本學童別忘記滿洲」，因此「吃香蕉別忘記台灣」也讓人會有同樣的聯想而遭到禁映處份。

左頁：美黛《香蕉姑娘》／1965年／合眾唱片（作者收藏翻拍）

香蕉姑娘
美黛唱
Banana Girl

TAIWAN UNION RECORD CO.,LTD.
合衆唱片
UNION RECORD
合衆中國歌曲
第三十五集
美黛唱
版權所有
翻製必究
高級片
CM-35
第一面
1.香蕉姑娘
2.愛的生命
3.你為我流淚
4.雨夜的小姐
民國五十四年十二月三十日發行
林禮涵編曲
合衆管弦樂團伴奏
LONG 33⅓ PLAY
合衆唱片製造廠出品

憶想那些年，恰好正是台灣蕉農最為風光鼎盛的日子，「香蕉姑娘健又美喲，由早到現喜上眉喲，今年收成勝往年，樹上香蕉好幾倍，賺得錢好辦嫁妝，找個見郎配成對」，往昔繁榮景象僅從早年出身（桃園）務農人家的國語歌后美黛高歌一曲〈香蕉姑娘〉（羅仙作曲，慎芝作詞）便可見一斑。當時一艘艘「香蕉船」從高雄港出發航向日本，為台灣賺進大把外匯，豈料卻在一九六八年「高雄青果社」爆發「剝蕉案」舞弊事件後，自始每況愈下、終至一蹶不起。正所謂「繁華畢盡」、「眼見樓起樓塌、盛極而衰」，從這多首追念島嶼蕉園往事的老歌中所透露一縷歷史滄桑，於今聽來往往更教人感慨萬千、不勝唏嘘。

左：陳子福繪製《香蕉姑娘》電影海報／1965年（作者收藏翻拍）

右：日本電影《バナナ娘》（香蕉姑娘）／志村敏夫導演／昭和25年（1950）（作者收藏翻拍）

重尋「民歌採集運動」的記憶拼圖

誠如西諺有云：「生命往往是由許許多多片段的記憶拼貼而成。」透過老式曲盤不停地流轉，你我所聽到的不一定就是全然完整而真實的歷史，亦有可能只是當時人們不經意留下的一些或真或假、經過某種程度想像修飾的記憶碎片。

對於一位出生成長於台灣戰後七〇年代、自幼隨家族長輩聽聞收音機裡放送台語流行歌的本省小孩如我而言，在我早年極其有限的知識吸收管道當中，關乎最初予人開拓台灣本土音樂視野的懵懂印象（包括南管、亂彈、客家、原住民歌謠等），除了偶然想念起童年街坊、廟會節慶鑼鼓喧天的記憶場景以外，還有更多的只得感嘆「吾生也晚」的種種遺憾，往往都是日後基於個人興趣、故而慢慢開始去蒐集一些古早黑膠唱片所零星拼湊得來的。

上：《陳達與恆春調說唱》（中國民俗音樂專集　第一輯）專輯封面／1979／第一唱片（作者收藏翻拍）

下：《台南南聲社——台灣的南管音樂》（中國民俗音樂專集　第八輯）專輯封面／1980／第一唱片（作者收藏翻拍）

中國民俗音樂專集 第一輯
陳達与恆春調說唱
A SPECIAL ALBUM OF CHINESE FOLK MUSIC
CH'EN TA AND HENG-CH'UN TUNE MINSTRELSY

FIRSTOPHONE
中國民俗音樂專集 第八輯
台南南聲社
台灣的南管音樂

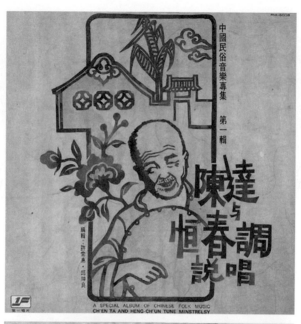

回溯彼時正值校園民歌興起的年代，像這類被歸屬為「民俗音樂」、「民間音樂」的田野錄音唱片雖然並沒有獲得商業市場上的成功，卻得以恰如其時地激起了部分社會大眾的「尋根意識」，更在早昔那一代許多知識青年內心深處埋下「唱自己的歌」的思想種子。其中，我以為早年囊括戰後各類型不同族群音樂最多元而全面、且對後來台灣流行歌曲本土創作者產生最直接影響的，無疑當屬一九七九年到一九八五年間，委由許常惠發起「中華民俗藝術基金會」所策畫、老字號「第一唱片公司」出版的《中國民俗音樂專集》系列LP（黑膠）唱片。

「思啊想啊起～楓港過去呀伊嘟是車城，花言那巧語呀伊嘟未愛聽啊噯喲喂～阿娘仔講話若有影噯喲喂～噯喲刀槍做路也敢行啊噯喲喂～」，聞聽這套《中國民俗音樂專集》所編纂收錄的頭號作品（第一輯），即是當年在留法音樂家許常惠率領「民歌採集隊」的首次發掘記錄下、民族音樂學者史惟亮稱其為「現代中國遊唱詩人」的民間說唱者陳達的恆春調。

「今天，我在離開台北五百公里的恆春山中，為一個貧窮襤褸的老人流淚了。」話說一九六七年七月二十八日這一天，許常惠在他〈民歌採集日記〉裡寫道：「在恆春鎮大光里，有一個老人叫做『紅目達仔』，他是六十二歲的陳達先生……他拿起月琴，隨著發出那如悲啼的歌聲時，從他的〈牛尾擺〉、〈思想起〉、〈四季春〉、〈臺東調〉裡，我感到這世界、這被大都市的人所忘卻的世界是多麼真實！多麼可貴！我知道我終於找到它了，多年來尋找的中國民族音樂的靈魂！」[1]。

憶想當年一群甫自海外學成歸國的青壯學者兀自懷抱著「文化尋根」的熱忱，而音樂學界進步人士亦以號召知識份子「回歸鄉土」行動蔚然成風，並於六〇年代晚期紛紛「下鄉」、相繼投入名為「民歌採集運動」的踏查行旅，其間又以一九六七年獲得「中國青年反共救國團」資助成立的「暑期民歌採集隊」[2]最具系統且規模最大。隨之，及至一九七八年七月，許常惠得資助再組「民族音樂調查隊」，將採錄範圍由民歌擴及民間音樂，和林谷芳等人由東部至西部走訪福佬、客家與部分原住民村落。

01 許常惠，一九六八，《尋找中國音樂的泉源》，台北：大林出版社，頁181-195。

02 大致上，這支團體分作東、西兩隊，東隊以史惟亮為首，率隊踏查宜南、大同、花蓮、關山、台東、海端、卑南、金峯、蘭嶼等地，採集泰雅、布農、排灣、魯凱、卑南及達悟（雅美）各族民歌；西隊成員則以許常惠為首，陸續走訪台中、日月潭、彰化、伸港、高雄、岡山、屏東、楓港、霧台、去怨、恆春、車臣等地，採錄西部平原的福佬、客家及日月潭邵族和屏東山區的排灣與魯凱族。最後兩隊在屏東會師，一同進行〈恆春調〉採集。

後來，隨著這些活動逐漸告一段落，史惟亮為保存陳達的曲藝，特地由恆春邀請陳達至台北錄音，同時交付「洪建全教育基金會」出版《民族樂手——陳達和他的歌》唱片與說明書一冊（一九七七），而新台幣數千元的版稅收入也讓陳達得以稍微紓解當時的經濟困境。而一九七九年八月，又有許常惠與邱坤良催生《陳達與恆春調說唱》專輯唱片，陳達〈思想起〉一口蒼涼瘖啞的歌聲自此傳遍全島。

然而在這之前，儘管許常惠、史惟亮等人歷經跋山涉水、千辛萬苦地完成了台灣民歌的田野採集，卻也曾一度苦惱於找不到機會發行錄音。直到有一天許常惠來到「三重扶輪社」演講「民俗音樂採集」專題，憂心忡忡地訴苦了一番，沒想到竟引起台下聽眾當中、時任「第一唱片公司」（位在三重市信義西街）負責人葉進泰的深感共鳴，並隨即於會後慨然允諾、提出要將田野錄音製作成黑膠唱片的構想。

於是就在短短五年內，「第一唱片」接連發行了《陳達與恆春調說唱》、《陳冠華與福佬系音樂》、《阿美族民歌》、《卑南族與雅美族民歌》[3]、《蘇州彈詞》、

---

03 此處一九七八年許常惠採錄的《阿美族民歌》、《卑南族與雅美族民歌》、《泰雅族與賽夏族民歌》三張LP（黑膠唱片）於一九九四年另由水晶有聲出版社復刻為CD。

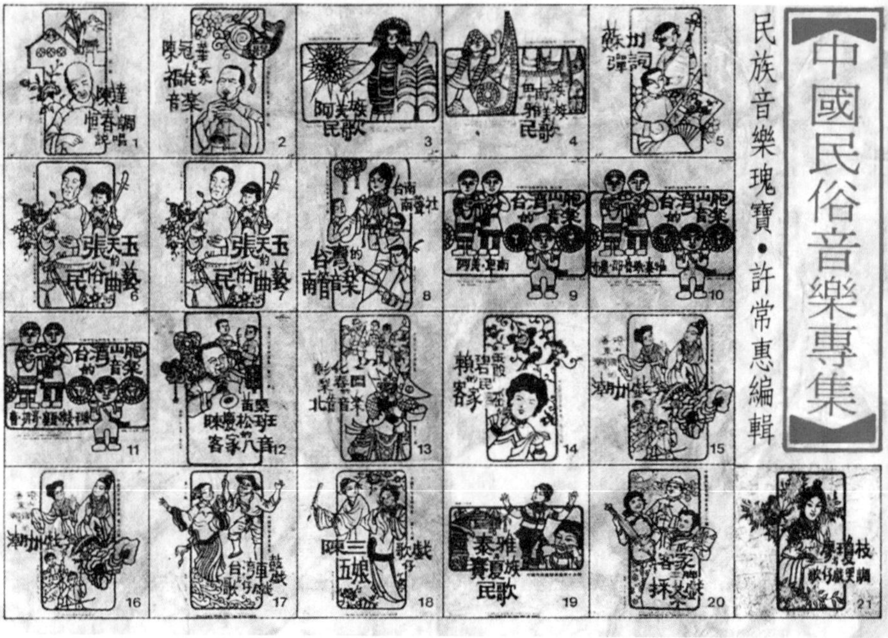

《中國民俗音樂專集》唱片宣傳圖錄，全套共二十一張。（作者收藏翻拍）

《張天玉的民俗曲藝》、《台南南聲社——台灣的南管音樂》、《台灣山胞的音樂——阿美族、卑南族》、《台灣山胞的音樂——布農、邵、魯凱、泰雅》、《台灣山胞的音樂——曹、排灣、賽夏、雅美、平埔》[4]、《苗栗陳家班的客家八音》、《彰化梨春園的北管音樂》、《賴碧霞的客家民謠》、《香港東山潮劇團的潮州戲》、《台灣車鼓戲與歌仔戲》、《泰雅族與賽夏族民歌》、《客家三腳採茶戲》、《台灣的歌仔戲——陳三五娘》、《廖瓊枝與歌仔戲哭調》等唱片共二十一張，其內容幾乎涵蓋了過去近二十年來（約莫橫跨六〇年代至七〇年代末）台灣戰後「民歌採集運動」諸多參與者共同記錄最珍貴的田野調查成果。

另外尤其難得的，由於不計成本的費心製作，這套唱片無論是錄音效果、壓片品質皆屬當時最講究者，不唯展演內容本身概屬一時之選，就連唱片封套設計也毫不含

---

04 該三張唱片包含《台灣山胞的音樂——阿美族、卑南族》、《台灣山胞的音樂——布農、邵、魯凱、泰雅》，以及《台灣山胞的音樂——曹、排灣、賽夏、雅美、平埔》乃是根據一九七七年獲得「日本文部省藝術祭大賞」、由留日音樂學者呂炳川監修的一套三輯《台灣原住民族高砂族の音樂》（原採錄於六〇年代晚期）翻版而來，「第一唱片公司」將原為日語的口白解說改配北京話，其唱片解說附冊後由台北百科文化發行漢文版《台灣土著族音樂》一書。

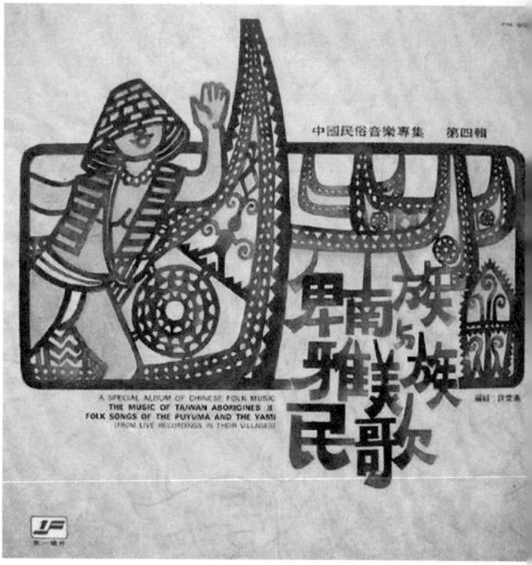

左：《台灣山胞的音樂──曹、排灣、賽夏、雅美、平埔》（中國民俗音樂專集　第十一輯）專輯封面／1980年／第一唱片（作者收藏翻拍）

右：《卑南族與雅美族民歌》（中國民俗音樂專集　第四輯）專輯封面／1979年／第一唱片（作者收藏翻拍）

糊，一張張帶有民間手工藝（剪紙）風味的裝飾圖案，彷彿皮影戲裡故事主角娓娓奏出動人旋律躍然紙上，簡約造型及配色更予傳統樣式帶來了輕盈的現代感，此乃出自台灣早期名設計家王建柱（一九三一—一九九三）的匠心手筆。

根據近年在網拍市場蒐找黑膠唱片的印象，我知《中國民俗音樂專集》這一系列本是極為罕見（就連全台灣各大圖書館的有聲資料典藏也都沒有完整一套），尤其裡頭拍賣行情（結標價）最高的一張《陳達與恆春調說唱》在買方眾多的激烈競逐下早已飆漲突破上萬元，至於其它各輯少說平均也要價三、四千元之譜，留戀往日情懷的有心蒐集者，看待此「夢幻逸品」自有箇中執迷難捨愛恨交纏之情，如人飲水、冷暖自知。

唯有歌聲在謊言中最接近真實

愛自由的朋友，展開我們的翅膀
有良心的朋友，敞開我們的胸膛
為民主的朋友，握緊我們的雙手
醜陋的中國人，今天我們多漂亮
一切都可以改變，一切都不會太遠

——〈漂亮的中國人〉／侯德健／一九九〇

就在「六四民運」發生的翌年，侯德健在台發行個人音樂生涯中最後一張唱片專輯：《下去不》（1990年／名冠唱片）。（作者收藏翻拍）

每當聽見人們有意無意間談起，那個從二十年前迄今仍被對岸統治者視同禁忌的日子，甚至還在為當晚深夜是否有人因此喪生而爭議不休之際，腦海中總是斷斷續續地浮現這首〈漂亮的中國人〉歌聲旋律和殘響，以及隱約想起那時候曾在新聞畫面中從子夜黑暗等待黎明、僅以手電筒微弱光線在天安門廣場帳篷裡彈唱的作曲者侯德健。

我想，綜觀近代華人流行音樂史上，大概再也沒有哪個歌手像他這樣，年紀輕輕就接連寫出極具群眾感染力的經典愛國歌曲與抗議（政治）歌曲，從校園民歌到社會運動，彷彿石破天驚般影響海峽兩岸一整個世代青年學子之深，其早年摯友孫瑋芒描述他：「沒有受過任何正統音樂教育，但他只要一抱起鋼弦吉他，雙眼半閉，發出蘊含著蒼涼與野性的聲音唱起民歌，在座者無不傾倒。」然而衡諸他早早暴得大名、鋒芒畢露的現實景況，卻也再度印證了「水能載舟，亦能覆舟」這句老話，過度涉入政治參與的結果，竟使他和他的音樂一起被台灣歌壇遺忘多年，乃至他最終亦選擇告別了音樂。

這個世界荒誕不經，近百年來尤劇。翻開上世紀國共兩黨政爭糾葛不清的近代史，一部部充滿謊言的外交政治荒謬劇，立即呈現在我們眼前。

「把謊言說上一千遍，它就會成為真理」，這是二次世界大戰期間納粹德國宣傳部長戈培爾（Paul Joseph Goebbels，一八九七—一九四五）的一句名言。早年共產黨發動文化大革命、視儒家孔學為中國落後西方的罪魁禍首，因而企圖將漢民族數千年累積的傳統文化毀滅殆盡，如今卻不斷回頭強調中華文化淵遠流長，並且積極在海內外各地競相設立復古的孔子學院。同樣類似情況在台灣，過去戒嚴時代一度誓言「漢賊不兩立，反攻大陸、消滅共匪」堅持捍衛中華民國青天白日滿地紅最死忠的國民黨，這幾十年來經過了政黨輪替以及本土意識崛起之後，今天在政治路線上反倒卻成了主張「親共」以企求兩岸和解共榮的急先鋒，甚至在前年（二〇〇八）「海協會」代表陳雲林來台訪問時，由於執政的國民黨深怕冒犯了中共當局忌諱而頗有默契地號令軍警人員把沿途所見國旗都撤收起來，其相對結果竟是民進黨在野人士高舉著他們以往最深切痛恨並視之為蔣介石流亡政權象徵的所謂「中華民國」國旗來抗議的矛盾景象。

無奈乎當時這些謊言於今看來何等荒謬，過去許多人們卻都曾經堅信不疑。回顧童年印象裡，還記得小時候身旁同學根本沒人去過中國大陸、也沒有親眼看過黃河長江，但是從電視歌唱節目裡卻能把「遙遠的東方有一條江，它的名字就叫長江，遙遠的東方有一條河，它的名字就叫黃河，雖不曾看見長江美，夢裡常神遊長江水，雖不曾聽見黃河壯，澎湃洶湧在夢裡」——歌曲〈龍的傳人〉熟唱得朗朗上口。

想當年，正值我童稚孩提之際，乃是島嶼方從昔日克難貧窮逐漸走上「台灣錢淹腳目」經濟起飛的年代。那年（一九七八）二十二歲、仍在政大唸書的侯德健從美軍調頻電台聽到美國宣布與台灣斷交並廢除了共同防禦條約後，基於一股悲憤情緒便很快寫出了這首傳唱大街小巷的〈龍的傳人〉。對照於戰後七、八〇年代自幼在台灣生長的那一代年輕人而言，歌聲中的場景，毫無疑問是一種激勵和點燃愛國情感的民族象徵，儘管這個「愛國」觀念旋即將因為往後更巨大的時局變動而徹底改變了。

彼時就在此一歌曲鎔鑄的時代背影下，隨著國家政權正欲面臨外交困頓、國內掀起民主改革運動風起雲湧的新局面，社會上到處充斥著不安與躁動，同時卻又讓人期待、想像的氛圍。於此，侯德健相繼創作出〈酒矸倘賣無〉流行一時的電影《搭錯車》主題歌，隨之卻又被迫於國民黨「文工會」的遊說邀請譜寫一首〈三民主義統一中國大同盟歌〉，還已預定好要找鄧麗君來演唱。幾番折騰下來，再加上先前時任行政院新聞局長的宋楚瑜不僅擅自在〈龍的傳人〉歌詞裡強加了「莊敬自強」、「處變不驚」等政治口號，就連唱片公司也要求侯德健以新詞重新錄音，遂教這位天生反骨叛逆、從小自稱「禍頭子」玩世不恭的年輕作曲家頓時萌生去意，於是他毅然做出了一個當年震驚華人世界的舉動——在台灣仍處於戒嚴狀態下，透過香港「新華社」的幫助，繞道英國來到了北京。

那天正是一九八三年六月四日，一個彷彿預告六年後同樣將促使他在北京天安門廣場親歷另一場巨變的奇妙日子，島內各大報刊媒體皆以「侯德健叛逃到中國大陸」為頭條，昨日不久前才甫受媒體矚目、舉國稱頌的民族英雄，卻在事件爆發後即刻成了人人噤聲避談的禁忌名字，包括他過去創作的歌曲一概都成了禁歌。

常言道：世事無情，且捉弄了一個內心真摯的人。他活在眾人的目光下，從此擺脫不了某種刻板形象。他的世界充滿虛假，而唯有其歌聲在謊言中最接近真實，卻又不見容於世。

對他來說，在這荒謬的世界裡沒有希望，也沒有上帝，故而清醒的人們若要真實地生活，就要拒絕現存的世界，以挑戰的態度對待荒謬。所謂「我反抗，故我存在」於焉便成了他的信念、乃至信仰所在，是反抗使他生命有了價值，甚至貫穿著他生命的始終。

八九年「六四民運」期間，侯德健成為「四君子」[1]之一，在天安門廣場發起絕

01 一九八九年五月，侯德健在北京天安門廣場為聲援民主運動，與劉曉波、高新、周舵共同發起絕食抗爭，合稱「天安門四君子」。

食行動、聲援學生。後來，因為中共當局終於再也無法容忍他的異端言行，便強行把他壓進一艘漁船驅逐出境，於翌年六月由福州經公海轉漁船遣返台灣，之後數年間客居紐西蘭，並以命理占卜為業，從此不過問政治音樂事。

聆聽一九九〇年發行的個人專輯《下去不》，這是侯德健被遣返回台後的唯一一張唱片，也是他歸結、回顧前半生音樂生涯的最後一張唱片，自幼生於高雄岡山、隸屬祖籍四川的他，在曲目當中除了那首大逆不道的同名主打歌〈下去不〉以模仿湘川鄉音的一口唱腔對白暗諷鄧小平之外，裡面也同時收錄了被改編歌詞後的〈龍的傳人〉，以及曾經作為民運歷史見證的〈漂亮的中國人〉、〈我們要活下去〉等歌曲，而他的語調歌聲卻已不再激昂高亢、豪邁不馴，取而代之的，僅有低吟悔悟的情緒、悲涼鬱悶的心境，整張唱片幾乎串成了一部聲音回憶史，連同他當年（一九九〇）著述出版的自傳文集《禍頭子正傳》，娓娓吐露了他在台灣、中國兩地遭受的一切委屈和失望，以及他無法承受他所失去的一切。

有時趁著百無聊賴的日子忽然很想聽他的歌，青春嘩啦一下來了又走，留下的，只有這些時光帶不走的聲音，每每在繁華過後漸行漸遠，沉澱下來的老酒我們只能靜夜獨飲。

《禍頭子正傳》／侯德健著；封面繪圖／林崇漢；1990／聯經出版事業公司

思念是一首遙遠的歌

——林福裕的〈天黑黑〉與「幸福唱片」

天黑黑欲落雨，阿公仔舉鋤頭去掘芋
掘啊掘～掘啊掘～掘到一尾魚旋魚留鼓
咿呀嘿嘟真正趣味
阿公欲煮鹹，阿媽欲煮淡，兩人相打弄破鼎～
咿呀嘿嘟隆咚匕咚槍
哇哈哈～哇哈哈～

——〈天黑黑〉／林福裕取材自台灣民間唸謠〈天烏烏〉／一九六五

《台灣民謠集》專輯封面／1965年／幸福唱片；封面設計／簡錫圭（作者收藏翻拍）

從很早以前，我就對下雨天烏雲密布的天氣有股特殊的情感，那種情感毋寧緊緊維繫著我的童年記憶。如是，腦海中每每不自覺翻過多年前那個幼小的自己，隱隱盼望雨天的到來，教人一邊寂寞無聊地在三重埔老家陽台窗前聆聽雨聲，一邊遙記小時候阿嬤開始教我哼唱的這首〈天黑黑〉。

多麼詼諧有趣的一首童謠！印象中似乎曾經問了阿嬤：「啊妳是要煮鹹的還是煮淡的啊？甚至有沒有打破鍋鼎而吵得不可開交？」但後來我竟然也忘了阿嬤到底跟我回答什麼了！不過現在回想起來，總有著阿嬤帶著我這小蘿蔔頭一同成長的那份點滴回憶。

即便這世界的複雜和美好都遠遠超出了我們的想像，且唯有零散的音符只把往事娓娓道來。須知，每個人的內心深處其實都藏有一個小小的自我，以及各自耽溺無憂無慮的童年。「天黑黑欲落雨，阿公仔舉鋤頭去掘芋……」還記得直到國中以前，有一陣子經常在睡夢中響起這首歌的旋律，而每當被這聲音喚醒時，恰好也都那麼碰巧是雨天！如今，儘管好多年過去了，偶然間不經意從我近年來蒐藏的《台灣民謠集》黑膠曲盤裡再多聽幾遍也仍然意猶未盡。

相傳〈天黑黑〉一曲源於台灣民間古早順口溜的兒童唸謠〈天烏烏〉，據稱最初由終年梅雨的北部金瓜石、基隆一帶開始流傳，但實際上，台灣本島以「天黑黑，欲落

《台灣民謠集2》專輯封面／1966年／幸福唱片；封面設計／簡錫圭（作者收藏翻拍）

《難忘的旋律3》（台灣名歌謠專輯）封面／1964年／幸福唱片；封面設計／簡錫圭（作者收藏翻拍）

雨」作為開頭句子的歌謠分佈極廣，包含台北地區、彰化、嘉南平原、高雄地區及屏東皆有之。而現今我們絕大多數所習以為唱的〈天黑黑〉歌謠旋律，其實乃是六〇年代學院音樂教師出身（台北師範學校音樂科畢業）、畢生積極推展合唱音樂不遺餘力的鄉土民謠作曲家林福裕，依據採集台灣民間唸謠〈天烏烏〉的語韻編寫而成，並由其創辦的「幸福男聲合唱團」（Lucky Trio）首唱，後還錄製成三十三轉唱片，隨之廣泛傳唱於民間。

一九三一年生於日治時期台北州文山郡（今木柵區）的林福裕，父母親皆為小學老師，幼年時（約莫四歲到九歲）寄居於木柵仙公廟猴山坑的外婆家，由於外婆熱愛唱歌，遂在耳濡目染下孕育了從事音樂創作之路的種子。自北師音樂科畢業後，林福裕隨即擔任國小音樂教師，並矢志投入兒童合唱教育的推廣，其間擔任著名的「榮星兒童合唱團」專任教師長達八年，平日則是在教會裡領著自家親朋好友吟詠讚美詩歌，從而培養了極佳的演唱默契。

在他三十二歲那年（一九六三），為了追尋更寬闊的音樂生涯，林福裕毅然辭去國小教職，時值政府強力推行「國語運動」的年代。該年秋天，林福裕返鄉探視母親，在濃郁親情與幽謐鄉土氣息的召喚下，憶及兒時外婆與母親吟哦的〈天黑黑〉、〈白鷺

《中國藝術名曲》第一集封面／1964年／幸福唱片；封面設計／簡錫圭（作者收藏翻拍）

《中國藝術名曲》第三集封面／1967年／幸福唱片；封面設計／簡錫圭（作者收藏翻拍）

鷺〉、〈烏鶖烏鶖咬咬啾〉等台灣唸謠，從此激發他嘗試以現代聲樂曲式改編傳統台灣民謠的動機與決心。於是乎，就在業界好友——環球唱片負責人黃漢鈐的積極遊說下，林福裕即以教會合唱團團員為基礎，號召籌組了「幸福男聲合唱團」，隨之於翌年（一九六四）與數位志同道合的友人合資成立「幸福唱片公司」，且在極克難的錄音設備下，林福裕一手包辦演唱、編曲創作、樂團指揮於一身，陸續灌錄了《心聲歌選》、《難忘的旋律》（一九六四）、《台灣民謠集》（一九六五）等唱片。一開始，他們選擇從「藝術歌曲」著手，透過自家唱片公司開始有計畫地進行「藝術通俗化」的推廣策略，在短短五年間出版了將近二十張專輯，舉凡國語流行歌、中國藝術歌曲、輕音樂、中國民謠、台灣民謠、電影名曲、宗教歌曲，幾乎張張暢銷、百聽不厭。

當時唱片公司為了營造出自我風格鮮明的產品形象，還特地找來師大藝術系畢業的簡錫圭操刀繪製封面設計，翻看其筆下一幅幅色彩華麗、表現傳統民俗題材的封面畫作，恰與「幸福」唱片致力於發揚台灣本土音樂的創始精神有著不謀而合的默契，另於封套背面註明作曲者「一夫」、「牧童心」、「白蕊」，這些名字其實也都是林福裕的筆名，主要藉此提醒自己，莫忘昔日童年在鄉間趕牛和赤足奔馳於溪邊、原野時的清澄心境。

林福裕表示，當年他為「幸福男聲合唱團」製作《台灣民謠集》唱片所收錄的〈天黑黑〉一曲，便是以外婆在他小時候哼唱口授的童謠為母體[1]，且視作曲需要、添加了部分歌詞譜成男聲合唱歌曲，包括像是「咿呀嘿嘟」取自原住民的語辭，「隆咚匕咚槍」取自中國民謠花鼓調，「哇哈哈」則取自日本俚謠，綜觀這些添加的語辭皆是以往一般民間唸謠在傳唱過程中不曾出現的。

然而令人尷尬的是，由於當初《台灣民謠集》唱片發行時並未特別註明這首〈天黑黑〉是林福裕的「創作曲」，因此多年來常被誤認為是由古人承衍下來的傳統民間歌謠，甚至就連早期有些音樂學界人士也一度不明究理[2]。

---

01 民間流傳的童唸〈天烏烏〉原始版本：「天黑黑欲落雨，阿公仔去掘芋，掘到一尾魚旋魚留鼓，阿公欲煮鹹，阿媽欲煮淡，兩人相打弄破鼎」。

02 一九八一年六月「中華民國比較音樂學會」舉辦「臺灣童謠考證研討會」中，即把林福裕作曲的〈天黑黑〉當成了原作者不知名的兒歌。對此，台灣囝仔歌研究專家，也是台灣創作囝仔歌先驅的施福珍，就曾對當年研討會中的決議遺憾地表示：「當時流行的台灣兒歌中的〈天烏烏〉、〈白鷺鷥〉等曲子，是林福裕的作品，可惜專家們均誤會為傳統的兒歌，而未對此給予肯定，是此次考證研討會遺憾之處。」（施福珍，二〇〇三，《臺灣囝仔歌一百年》，台北：晨星出版社，頁87）

《台灣旅行的回憶》第四集封面／1969年／幸福唱片
（作者收藏翻拍）

《難忘的旋律4》（電影名曲專輯）封面／1966年／幸福唱片；封面設計／簡錫圭（作者收藏翻拍）

針對大眾的誤解，林福裕亦曾公開表達對創作〈天黑黑〉之聲明：「此曲系本人在民國五十四年六月間在台灣所作曲者，絕非所謂的台灣民謠。」[3]或許現在的我們大概難以想像，彼時六〇年代「幸福唱片公司」發行《台灣民謠集》廣受歡迎的程度，不唯一度「黑膠片貴」掀起搶購熱潮，未及三個月內便銷售超過二十六萬張，據說賣到缺貨時唱片行老闆還得親自捧著現金到壓片工場等候黑膠出爐。

但隨著唱片銷路的水漲船高，主打歌〈天黑黑〉很快也相對觸引當年「警總」的側目，特務人員為此三度約談了林福裕，其理由竟然是：「目前政府勵精圖治光復大陸，前景一片光明，你不去寫〈天光光〉，沒事給我寫啥〈天黑黑〉？」所幸，該起事件經歷一陣風波過後沒多久便告平息。

據聞在那個年代，有許多負笈海外的留學生於即將出國前夕，總不忘要在行囊中帶上幾張「幸福」唱片，一則以解鄉愁，一則作為同鄉聚會場合用來表演、彼此交換欣賞的歌曲素材。對此，林福裕僅只自謙地說：「究竟是歌寫得好？還是『幸福男聲合唱團』唱得好？唉！其實都不重要啦！總之，台灣民謠自始受到重視才是我最

---

03 林福裕，一九九九，《台語藝術歌曲集(二)》，台北：樂韻出版社，頁30。

渴望獲至的。」

及至一九六七年，「幸福」唱片推出第十三張專輯《中國藝術名曲》第三集，此時由於部分團員出國深造在即、又有另一成員罹患癌症而退出，「幸福男聲合唱團」因此宣告解散。翌年（一九六八）「幸福」唱片推出由王幸玲主唱《台灣旅行的回憶》系列專輯外銷日本，初期銷售量略有成績，但因為日本唱片工業發展快速蓬勃，台灣國內的黑膠錄製品質遲遲無法追趕，再加上政府當局對唱片出版業的管控與壓抑，讓本土唱片業者紛紛出走，終究於一九六九年三月發行《台灣旅行的回憶》第四集之後也跟著畫下了句點。

再見，陶大偉

人過三十而立之後，便會時常遙想童年只是盡情玩耍、彷彿終日無所事事的生活景像而不可得，但有些歌曲確能稍撫這樣的追思之情。

偶然就在二〇一二年九月十二日這天，驚聞報章媒體得知資深藝人陶大偉病逝的消息，想必有多少人的童年一部分回憶毋寧也跟著被帶走了！而我則是猛然想起，湊巧才在幾天前逛跳蚤市場無意間買了他生平發表的第一張個人（黑膠）唱片《陶大偉一九八三創作專輯：嘎嘎嗚啦啦》。

嘎嘎嗚啦啦，嘎嘎嘎嗚啦啦
賺錢要像衝鋒，手腦要並用
戀愛你要日夜進攻，外加追趕跑跳碰

《陶大偉1983創作專輯》封面／1983年／飛碟唱片
（作者收藏翻拍）

此處瀏覽唱片封面上的陶大偉穿著一襲深色牛仔皮衣、配一副斯文的金邊圓框眼鏡，正拿著鉛筆在譜紙上疾書創作歌樂，年屆四十熟齡的他，宛如一面挾有傳統書生氣質、另一面則是背離傳統的嬉皮唱作性格綜合體。據說他年少時期早在台北美軍俱樂部登台獻唱，並以低吟醇美的嗓音唱起Elvis Presley的經典情歌〈Love Me Tender〉，而搏得了「小貓王」稱號。

話說原本就讀政大國貿系的陶大偉，在學期間便經常利用晚上半工半讀到西餐廳駐唱，二十歲那年（一九六二）籌組了一個Band，專門演出西洋流行歌曲——名曰「雷蒙樂團」。後來為了實現美術創作方面的志趣，大三時又毅然決定轉學考入國立藝專美術科，畢業後旋即赴美、進入知名動畫公司「迪士尼」工作實習，結果因為表現良好，一待就是八年，他曾表示那段時光是人生中最快樂的一段。之後遭逢因緣際會，受台灣電視公司之邀，回台投身演藝界，唱歌、演戲、主持、製作，說學逗唱樣樣精通，也為他的人生事業締造高峰。

起初，從他開始和老朋友孫越聯手搭擋的《錦繡年華》到《小人物狂想曲》，乃至逐漸轉型跨入兒童節目主持的《彩虹街》到《快樂聖代》。雖說當年我們這一代（六年級生）小時候並沒有今天電視上所見甜美可人、能歌善舞的「水蜜桃姐姐」，但所幸我們卻有著同樣帶來許多歡樂笑容、以及傳達樂觀印象的「陶叔叔」和「孫小毛」。

這時，宛如深埋在記憶底層的這幅畫面，彷彿欲從失落的聲音印象裡一點一滴現身，時而模糊、時而明晰。回溯當初那首幾乎每個小孩都能隨口哼上一段的〈嘎嘎嗚啦啦——生龍活虎打衝鋒〉，原來不只是這張專輯裡的主打歌，亦為早期「飛碟唱片」成立之初的創業作，後來陶大偉還在電視台製作（主持）了一個兒童節目——名稱就叫「嘎嘎嗚啦啦」！

民國七十三年（一九八四），那年我八歲，頭一次看到螢光幕前頂著一只超大鼻子臘腸嘴、模樣神情像極了老牌演員孫越翻版的布偶「孫小毛」在華視開播的《嘎嘎嗚啦啦》節目中登台亮相，並且和童心未泯的主持拍檔陶大偉（陶叔叔）兩人一搭一唱，營造出一種台灣觀眾前所未見、彷彿把幻想中的卡通人物與現實生活角色之間相互混淆錯置的特殊表演風格，甚至是用卡通人物的眼光來看這世界（或者說他早已將台下觀眾都當成了卡通世界的一份子），堪稱幽默十足、笑料百出。記得有一回「孫小毛」甚至還和「本尊」孫越同台演出，布偶人聲真假傻傻分不清，場面相當逗趣。

自從《嘎嘎嗚啦啦》開播之後，不僅創下了當年百分之三十以上的高收視率，同時也讓陶大偉成為八〇年代台灣影視圈內最炙手可熱的兒童文化教主，另外搭配共

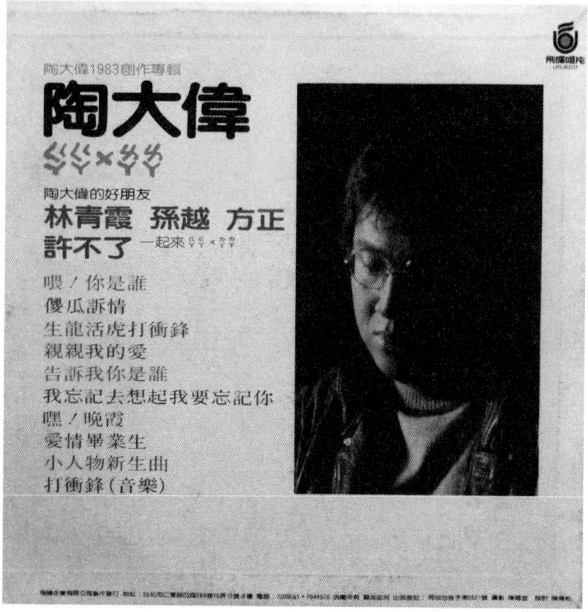

《陶大偉1983創作專輯》封底／1983年／飛碟唱片
（作者收藏翻拍）

同主持演出的布偶「孫小毛」則是當時無數台灣小朋友心目中最夯的頭號「偶」像、且一度被提名金鐘獎最佳主持人，結果只因「不是真人」的理由方纔作罷。後來，該節目製作單位看準了此一商機，乃接連推出孫小毛系列人偶、錄音帶、圖畫書等周邊商品。一九八七年初（春節期間），電影公司還特別為「他」拍攝了《孫小毛魔界歷險》，雖然影片票房並沒有特別賣座，但卻因此順勢捧紅了當時主唱電影預告歌曲〈猜一猜〉、甫出道的少女偶像團體「紅唇族」。

值此，若將重點放回音樂本身，早於三十年前陶大偉創作歌曲當中即以一句活潑俏皮的語助詞「嘎嘎嗚啦啦」在閱聽大眾之間掀起了流行潮（巧合的是，豈料三十年後當今西洋流行樂壇天后「女神卡卡」（Lady GaGa）的新作名曲〈Bad Romance〉（野蠻愛情／二〇〇九）歌詞竟也出現了聲韻神似的「Ga——ga——ooh——la——la，Want your bad romance」！），當年他為電影《小精靈》撰寫主題曲，由好友孫越演唱，「媽媽生氣對他說，你應該不應該，他說媽咪呀，哦，媽咪呀，哦」，聆聽從曲盤裡傳出一聲聲歲月滄桑而從容自在的磁性嗓音每每令人印象深刻。此外亦有一首結合歌舞形式、由四位演唱者（陶大偉、孫越、方正、許不了）各自裝扮成卓別林樣貌的〈傻瓜訴情〉更罕見邀請了本土喜劇泰斗許不了難得公開獻聲：「不說話，她不說一句話，不說話，她就是不說話」，也往往正因為它們的旋律歌詞既簡單又易於朗朗上口，出自陶大偉手中演唱的這類歌曲總是被世人以刻意搞笑或者無厘頭的鬧劇視之，致使他在歌曲創作方面的成就與才華經常被人忽略。

綜觀陶大偉的演藝生涯大半輩子都活得自由自在，鮮少有人能像他那樣勇於不斷轉換跑道去懷抱各個不同階段的事業夢想，乃至拋開包袱、放下身段從事自由創作。他的綜藝節目和兒童節目不只創造出獨特風格，且難被後人模仿。晚年陶大偉接受訪問時，曾經回首自述他某次出外拍外景、爬上大樓頂端俯瞰街底人群，只見眼前小若螻蟻的人群忙忙碌碌穿梭游移、因而心生極大的感觸，於是便豁然寫下〈小人物狂想曲〉的歌詞：「我是一個小人物，彩霞是我的帳幕，綠茵是我的床鋪，人生是我的舞台，就是一場喜樂哀愁」。

俗云：「遊戲人間、來去無礙」，當可為他一生不捨幽默詼諧、力求歌藝演出完美純正的最佳註腳。

想起鳳飛飛的歌，便有了快樂與溫暖的幸福味道

自小到大，我從來都稱不上是所謂的「鳳迷」。

坦白說，多年來在舞台上被歌迷喚作「帽子歌后」的她，歌聲型路並非屬於那種令你初聽乍聞下就立即為之驚豔的絕代美聲，論其音域特質或聲線風格，她既沒有同時代「天籟歌姬」鄧麗君的清麗甜美、婉轉纏綿，也無稍晚期「絲絨歌后」蔡琴的醇厚馥郁低迴流蕩，你甚至可以說她早期略帶台語腔的咬字吐音並不完美（比方她往往把「年華似水流，轉眼又是春風柔，層層的鄉思也幽幽」的「層」唱成了「岑」，或者將「一道彩虹，掛在那雲中」的「中」字唱作「蹤」音），然而也就是像這般簡簡單單而有點土土的抒情聲音，緩緩聽來卻彷彿有著無出其右的樸實和溫暖，尤其經年累月之後更讓人萌生一種說不出的幸福味道。

《台灣民謠歌謠專集——鳳飛飛之歌》第二輯封面／1977年／歌林唱片
（作者收藏翻拍）

如是步入歌唱演藝生涯凡四十載，她的歌曲傳唱遍及海內外各個層面之廣，可說是幾乎和聽眾沒有距離、完完全全走向親民路線，就連包括在二手唱片市場上她早年灌錄的個人專輯由於整體類型與數量實在是太過廣泛及多元，以至於她大多數的絕版唱片價格未如鄧麗君、蔡琴二人被市場炒作到那樣高不可攀。

猶記得小時候經常從收音機與電視裡聽她唱著〈月朦朧鳥朦朧〉、〈我是一片雲〉、〈一顆紅豆〉、〈雁兒在林梢〉等瓊瑤電影主題曲，回想起當年「群星會」國語歌唱綜藝節目當道、台灣主流媒體與社會環境皆未能接受今日所謂「台式唱腔」的那個年代，特別是她的「台味」國語歌聲，對於像我這種從小習慣和家人講閩南話、到了外面學校才開始改說北京話（國語）的本省家庭小孩耳裡聽來無疑格外親切。

那時的校園學子、紅男綠女普遍崇拜螢幕偶像二秦二林，而瓊瑤小說劇裡每每述說才子佳人不食人間煙火的浪漫愛情戲碼正夯，繼之巧逢因緣際會，先後承蒙左宏元、劉家昌、駱明道等歌壇作曲名家的賞識厚愛、並且甘願替她寫歌作嫁，接連著一首首耳熟能詳的時代名曲如〈楓葉情〉、〈溫暖的秋天〉、〈我是一片雲〉、〈奔向彩虹〉、〈好好愛我〉這些旋律歌詞幾乎都能輕易教人不斷回味再三、歷久難忘，她的歌從此即成了無法取代的經典，不僅風靡無數台灣民眾，同時也更穿透了省籍之分。

記憶中，以往每到連續假日或農曆年節期間除了跟家人一起看她在電視台主持唱歌之外，還可常看到她代言的香腸廣告不停地強力播送，那種維繫快樂和傳遞溫暖的氛圍迄今仍令人感念不已。

當年她深受許多家族長輩觀眾們殷切期待的，還有她一連好幾年主持的《我愛週末》，以及在中視推出的光復節特別節目《鳳懷鄉土情》。早期在政府強制「推行國語」政策、規定電視台一天只能播送兩首台語歌的歲月裡，是她首開先例於電視節目現場演唱〈月夜愁〉，據說當天因為國語歌手青山趕不及上場，於是她壓抑著緊張和激動的情緒臨時獻唱了〈月夜愁〉這首歌，沒想到往後引發的諸多迴響卻更深廣而持續，從此台灣民謠不僅作為她主持節目必備的單元，而且也讓越來越多人能夠在電視節目開唱台灣歌謠。之後她更陸續推出一系列《台灣民謠．歌謠專集》，這套唱片前後共發行四張，其中最後的第四輯因流傳市面上較為罕見，因此成了她畢生灌錄的諸多唱片當中數量極少、而被收藏家視為可遇不可求的珍稀曲盤。

大致來說，她的歌曲風格某種程度也具體反映出她本身的生命姿態，時而灑脫而意氣風發，時而溫婉而呢喃，但總有一股積極向上的感人之氣。

爾後，悉聽她又以一首廣為人知的招牌曲〈掌聲響起〉再度擄獲聽眾的心，每回公

《鳳飛飛台灣民謠・歌謠專集》第四輯封面／1982年／歌林唱片（作者收藏翻拍）

開場合逢唱此曲、果不其然必定引發台下眾多粉絲集體「淚崩」的特殊現象亦成了另一幅經典畫面。詼諧而親切的她不免時常對外人笑稱兒子說她是哭包，並自嘲多流眼淚對皮膚好，因為可以有保濕效果、也益於身心健康。但這耽溺於彼此牽絆「同聲一哭」的催情路線實在並不是「我的菜」，然而卻是最能道盡她早年坎坷從歌壇演藝圈內一路走來擇善固執、且於勘透人間紅塵名利場後不禁流露真性情的翹楚之作。

從她最初在民國六十四年台視《我愛週末》演唱〈月夜愁〉開始，乃至民國七十一年她轉往中視主持的《鳳懷鄉土情》節目九十分鐘（只在台灣光復節播出）全程都唱台語歌的這段期間，甚至於日後走過剛剛面臨解嚴不久的九〇年代初期、她以追尋日治時期鄧雨賢、楊三郎、周添旺等音樂遺作為號召而灌錄了兩張深具歷史意義的《想要彈同調》台語專輯CD，該唱片主要搜羅早期在白色恐怖陰影下沉寂一時的台語歌曲，經重新編曲後再交由獨一無二的「鳳式唱腔」賦予新意，僅只透過歌聲和語言所傳達的，字字句句全都是對她往昔曾致力於傳承發揚台灣本土歌謠文化的永恆絕響。

這正是鳳飛飛，一個能夠把簡單歌曲詮釋得久聽不厭、足以橫跨好幾個世代記憶的名字，豈料竟在二〇一二年開春之季突然驚傳她罹癌驟逝的噩耗。於今，儘管如同預言般在她先前幾場演唱會中對著全場聽眾致謝、宛如向人生告別的那一刻終究還是來臨，但我們卻寧可相信她其實並未真正離開，而只是飛到了遠方另一處世界陪伴著人們繼續歌唱。至於那些訴說不盡的疼惜與盼望，毋寧早已全都深藏在這些歌裡。

輯二 思想起

所有動人的青春
都是具有時代感的聲音

美哥哥站在戀愛嶺，小妹妹站在相思城
路頭算來相隔壁，卜講情話著搭戀愛車
咱倆人實在有意愛，只有驚厝邊頭尾知
日時假做無熟礼，要講情講著等日落西
心肝內暗恨這班車，日沒落驚驚不敢行
苦袂日頭趕落嶺，可好來去找阮搭心兄

——《台灣搖滾香頌歌曲集》〈戀愛列車〉／黃國隆作曲／施京子唱

《台灣搖滾香頌歌曲集》專輯封面／黃國隆作曲／1968年／環球唱片（作者收藏翻拍）

有時人生最美的一段際遇，往往是從偶然的邂逅中得來。好比說在人與人之間，抑或人與物之間，總會有一些令你預期想像不到的奇妙緣分。

就在不久前，我才從福和橋下跳蚤市場攤商手中無意間發現了這一套三張由「環球唱片」公司發行的《台灣搖滾香頌歌曲集》黑膠唱片，其中包含個別的專輯名稱皆頗有趣味，分別為：「台灣搖滾香頌花車」（第一部）、「最新台灣創作搖滾歌曲列車」（第二部）以及「台灣民謠搖滾全家福」（第三部）。由於過去未曾見過像這樣混雜了法國「香頌」與美國「搖滾」類型的台語流行歌專輯（唱片封面上甚至還出現了紅、白、藍三色圖案來象徵法國），所以覺得相當奇妙，於是便決定帶回去一聽，而當時的我並未能想像裡頭收錄的這些歌，竟是如此前所未有地充滿了強烈節奏動感的前衛現代風格、但又彷彿融入一股溫婉道來的鄉土味道、濃郁且動聽。

根據第一部「台灣搖滾香頌花車」曲盤上面的圓標註明，一開頭這首歌曲〈戀愛列車〉的演唱者叫做「施京子」，頗像是個日本女孩子的命名，這令我不禁想起台灣早年（約莫六、七〇年代期間）有許多台語歌星為求赴日發展、因此大多另有日本藝名（比如著名歌后陳芬蘭曾以「南蘭子」藝名走紅日本歌壇，此外還

上：《台灣搖滾香頌歌曲集》第一部「台灣搖滾香頌花車」曲盤圓標（作者收藏翻拍）

下：《台灣搖滾香頌歌曲集》第二部「最新台灣創作搖滾歌曲列車」曲盤圓標（作者收藏翻拍）

UNIVERSAL
UNIVERSAL RECORD
環球唱片
台灣搖滾香頌演唱會
33 1/3 RPM
立体声唱片
第一部台灣搖滾香頌花車
ULP 019
Twist（施京子唱）
Tango（黃國隆施京子合唱）
Blerowaltz（王秋玉唱）
④ Tango（施京子唱）
編曲：黃國隆
指揮：陳世源
A

UNIVERSAL
UNIVERSAL RECORD
環球唱片
台灣搖滾香頌演唱會
33 1/3 RPM
立体声唱片
版權所有
翻印必究
ULP 020
①奇情怪夢 Twist
②愛河悲戀 Rumba（黃國隆唱）
③ Tvot（陳玉貞唱）
④（續第一部）
指揮：陳世源
A

有謝雷取名「星野明」、黃西田取名「西田吉夫」、吳晉淮取名「矢口晉」等)。然而令人納悶的是，這位女歌手「施京子」的大名我還是頭一次看到、對她感覺相當陌生，但聽其歌聲宛如珠玉般溫潤飽滿，頓時令我驚為天人，如此唱功了得，究竟是何方名家？後來經我多方尋查翻找了各種有關台灣近代流行歌曲研究的著述文獻與媒體報導，卻都遍尋不著任何記載其生平梗概的相關描述。

除此之外，該套唱片專輯所標註的演出團體為「台灣省青年文化協會音樂班」及「黑桃五人組搖滾合唱團」(主要歌唱者包括施京子、王秋玉、陳玉真、李清慧，再加上負責作曲編曲與演出的黃國隆共五人)，亦為我先前未曾聽聞過的音樂社團，可見蒐藏研究近代台語流行歌老唱片的這池水深得很啊！而那些埋藏在歷史的塵埃底下、長年被世人遺忘的許許多多古韻遺風，往往卻只在毫不張揚的靜水深流處悄然現身，同樣也有些本以為是「名不見經傳」的秀異歌手偏偏唱起歌來便能教你感動得一蹋糊塗。

「雙腳踏到伊都，阿末伊都丟，唉唷台北市。看見電燈伊都，丟丟銅仔伊都，阿末伊都，丟仔伊都寫紅字」，聞見唱針滑過圓盤表面細密溝紋流洩出一曲曲耳熟能詳的〈丟丟銅仔〉、〈六月茉莉〉、〈卜卦調〉、〈牛犁歌〉、〈思想起〉、〈草螟弄雞公〉等傳統台灣民謠，有別於以往對台語老歌的刻板印象似乎總是不脫沉悶拖沓、動輒悲從中來的陳舊感覺，相對來說流暢輕快的切分音和舒緩的短拍節奏彼此頻頻混搭形成了一種更具衝勁的律動美感，反倒在既有樸實生動的民謠曲詞當中帶來一股特有的青春味道，可謂旋律正嗨、眾生傾倒，甚至就連心跳也都不自覺跟隨這節奏舞動起來了。

如此帶有獨特的「搖滾酷味」、曲風復古而搖擺的《台灣搖滾香頌歌曲集》，其整體創作編曲概念即是出自六〇年代台語歌壇著名的作曲家黃國隆（一九三三—一九九六）之手。

日治後期（一九三三）出生於台北州新莊郡（今新北市新莊區），黃國隆從小就對文學、繪畫、音樂等各類藝術有著濃厚興趣，二十六歲時拜入台灣本土前輩畫家吳棟材（一九一〇—一九八一）門下學畫，後來還負笈日本武藏野音樂大學修習理論作曲、鋼琴和聲樂，回台以後長期致力於台灣民間歌謠的採集與個人創作，並曾舉辦多次畫展，畫風多以台灣舊街景和知名古厝為題材，亦有集結其油畫作品而出版畫冊——名曰《咱兜》系列。

據說在他三十歲那年，由於到酒家喝酒有感而發，遂將傳統民謠〈恆春調——耕農歌〉加以潤飾改編為台語流行歌〈三聲無奈〉，並於一九六三年籌組「王冠管絃樂團」在台北市中山堂舉辦「台灣鄉土歌曲演唱會」，會中首度嘗試以西洋管絃樂團伴奏演出了這曲〈三聲無奈〉。隨之於一九六六年，黃國隆率「王冠管弦樂團」與《中

《台灣搖滾香頌歌曲集》第三部「台灣民謠搖滾全家福」曲盤圓標（作者收藏翻拍）

華日報》聯合舉辦「國語及台語新歌發表演唱會」。及至一九六九年，黃國隆又在國軍文藝活動中心舉辦「台灣民謠民歌戲曲演唱會」，由黃國隆擔任演唱會指揮、陳秋玉小姐獻唱。

回顧彼時黃國隆頻頻發表台語歌曲創作的六、七〇年代之交，正值美國搖滾樂在台灣日漸普及、大受年輕人歡迎的時代，當年有許多本土民歌遇上了西方搖滾樂，便融混成了一種全新的音樂風格——Folk Rock（民謠搖滾）。那些年，同時也是台語歌壇大量以日本原曲旋律填上台語歌詞——意即所謂「日曲台唱」極為盛行的混血歌年代。

對此，當年從事歌曲創作的黃國隆可說是相當痛斥這些「混血歌」的存在，他在一九八五年編纂的《台灣歌謠一〇一》（天同出版社）書中便指稱所有這類歌曲為「翻譯歌曲」，並認為早期的翻譯歌曲「由於歌詞直接由日文翻譯過來，翻譯的人又沒有文學素養，顯得歌詞內容雜亂無章，根本毫無次序可言」，此外他也在報刊雜誌發表過相關的樂評文章加以批判：「文夏唱了〈心所愛的人〉等五百支以上的歌，幾乎把東洋名曲全翻遍，這時候洪文昌（洪一峰）也不肯示弱而跟上各據南北，隨風倒柳去奪取歌王寶座，正宗閩南歌謠（充滿鄉土色彩）為之斷港絕潰，能作能寫的作家也各個轍亂旗靡失業回家」[1]。

他（黃國隆）和早年同為出身正規音樂教育的作曲家許石，起初曾於一九五九年在台北市迪化街永樂戲院舉辦「聯合作品發表會」，且同樣都是非常拒斥「日曲台唱」，並堅持發表原創性的台語歌謠創作，而他們的歌唱演出活動在六、七〇年代幾乎也都有幸受到當時媒體的報導關注和大篇幅評論。據稱黃國隆在他替「環球唱片」公司編曲灌錄的一套三張《台灣搖滾香頌歌曲集》唱片裡運用了「什念仔」民間小調的演奏方法在〈思想起〉一曲作間奏，不僅令本地聽眾頗感新意，甚至還引起了當時日本音樂界的震撼。

如今有緣得見這一張張歷經歲月風霜而倖存無恙的單薄曲盤，聽聞其音軌流轉之間，不只留下了美好而難能可貴的懷舊聲音，也刻畫著許多鮮為人知的歌曲逸事。無論你管它稱作「搖滾合唱」（Rock Choir）、「搖滾香頌」（Chanson Rock）抑或「民謠搖滾」（Folk Rock），他們純粹只不過是透過歌聲媒介、簡簡單單地熱愛著那個永遠只屬於當年彼此青春正盛的時代。

01 黃國隆，一九九三，〈談三十多年來國內歌曲的產銷〉。《益世月刊》3(7):21。

《中外古今音樂潮流》／黃國隆著／五洲出版社／1970年（作者收藏翻拍）

當年黃國隆在其編著《中外古今音樂潮流》一書封底自述曰：「作曲、寫作、唱歌、彈琴是我的興趣，也是我事業上的一部分，當自己寫出來的〈三聲無奈〉在街頭巷尾流行時，內心的興奮實在非筆墨所能描述……我平時消磨時間的良伴是抽菸和畫油畫，戶外運動太少的關係，體重不斷地增加，如今已九十五公斤」。

唐山過海台灣來、錦龍海鳳七英才

觀諸古今東西方文化的許多宗教信仰與神話傳說當中，數字「七」，向來都是一個具有神秘色彩與特殊意義的象徵符號，尤其在文學與影劇方面就我所熟知的，包括像是魏晉時代頗負盛名的「竹林七賢」、黑澤明的電影《七武士》、金庸小說《射鵰英雄傳》和《神鵰俠侶》的「全真七子」、梁羽生的武俠小說《七劍下天山》，以及七〇年代曾在台灣風靡一時、堪稱台語武俠連續劇始祖的《西螺七劍》。

猶記得小時候只要一提起《西螺七劍》劇中的「阿善師」，其地位就好比後來在電影裡出現的葉問、黃飛鴻、李小龍，乃是早期台語電視劇興起本土武俠風的那個年代，所有嚮往英雄俠義的台灣囝仔最想要拜師習藝學功夫的崇拜對象。

《西螺七劍》（華視閩南語俠義連續劇主題曲）專輯封面／1972年／海山唱片（作者收藏翻拍）

話說當初就在日本政府宣布與中華民國斷交的那一年（一九七二），中華少棒隊在威廉波特三戰三勝、最後擊敗北美隊獲得世界少棒賽冠軍，於此期間，同年華視八點檔台語連續劇《西螺七劍》正式開播，以每晚一小時節目連續播出七個月。故事內容主要講述清朝太平天國亂起之際，身負少林嫡傳絕技的阿善師從福建隻身渡海來台，初到濁水溪南岸的小鎮——西螺定居，相繼遇上來自當地七個村落的七位主角——號稱「七崁」，分別是：頭崁「金獅堂」廖錦堂、二崁「鐵羅漢」蔡金標、三崁「關刀坤」張大海、四崁「鳳陽婆」施翠蓮、五崁「猴助」簡阿七、六崁「仙鶴書生」李英杰、七崁「玉麒麟」鐘英才等七人。而在《西螺七劍》劇情當中，他們彼此之間原本相互仇視、械鬥不休，但在阿善師的感召下開始有了轉變，這些性情截然不同的七人不僅陸續投入阿善師門下成為師兄弟，最終更以阿善師創設「七劍陣」團結抵禦日本人侵犯，並且承襲西螺一派武學共同發揚光大。

當時透過電視節目的強力放送，《西螺七劍》劇中表彰俠義仁道、共同團結抵抗日本人的民族愛國情節很快便深植人心，特別是以老牌演員劉林飾演阿善師塑造的本土「七武士」英雄形象，至今仍為老一輩台灣人津津樂道。彼時《西螺七劍》收視率之高、集數之多[1]，堪稱盛況空前、紅遍半邊天，其風靡程度幾乎不下於同時期的「雲州大儒俠」史艷文，尤其節目一開場即以片頭主題曲氣勢磅礴地齊聲合唱：「少林寺，阿善師，唐山過海台灣來，收門徒，傳武藝，雙拳單刀打擂台……」這首歌調相信許多台灣四、五年級乃至六年級生都曾經耳熟能詳，哪怕有些原本不太懂台語的小孩甚至亦能憑此劇練得聽懂台語的本領。

〈西螺七劍〉／一九七二

少林寺，阿善師，唐山過海台灣來
收門徒，傳武藝，雙拳單刀打擂台
頭嵌是雙龍取水，二崁是五虎下山
三崁是犀牛望月，四崁是仙女紡紗
五崁是貂蟬照鏡，六崁是劉全種瓜

---

01 華視閩南語「俠義」連續劇《西螺七劍》自一九七二年三月七日開播，至同年十月十三日完結，共播出兩百二十二集。

七崁是關公拖刀，狄青收寶馬
蓋世拳法無敵手，藥丹救世通人知
堂堂男兒好氣概，西螺七劍
錦～龍～海～鳳～七英才

悉聽〈西螺七劍〉歌中段落激昂的擂鼓陣陣，且看充滿傳統武俠風格的四字語「七崁」各顯招式，隨著眾人練武的各種吆喝聲此起彼應，聞評書道俠義，怎不令人為之心醉神馳，進而臆想仗劍江湖、快意恩仇！除此之外，在這齣劇裡我依稀仍能記得幾句歌詞朗朗上口的，還有另一首同樣散發著男兒江湖味的片尾插曲〈四海皆兄弟〉：「五湖四海，蓋天地、三教九流是同一家，拳頭要會在本地，功夫要好在本島，一獅、二龍、三野豹、四鳳、五猴是六仙鶴、七崁眾士六麒麟，英雄豪傑志氣高」。由於這齣電視劇裡的情節橋段甚是迂迴曲折、引人入勝，相對也使得《西螺七劍》阿善師與他七位徒弟的每個角色性格更加具體形象化，成為當時童玩尪仔標當中風頭最健的英雄偶像。另在電視台公布的演員名單中，猶可見當時剛出道不久的十九歲新人鳳飛飛亦有參加《西螺七劍》演出，飾演七崁「仙鶴書生」的未婚妻，從小和

左頁：《西螺七劍》劇中主角人物尪仔標（作者收藏翻拍）

金獅堂
廖錦堂
俥
龍

西螺七劍
阿善師
卒
牛

炮

《西螺七劍》（華視閩南語俠義連續劇主題曲）專輯封底／1972年／海山唱片（作者收藏翻拍）

七崁的人們一塊長大，並在古裝扮相的髮妝上扎了兩根長長的辮子，是個乖巧、可愛的女孩，名叫美秀。

過去，台灣俗諺有云：「一府（台南）、二鹿（鹿港）、三艋舺（萬華）、四螺陽（西螺）」，分述台灣在清朝統治時期四個重要地方的繁華發展，其中雲林西螺一帶特別以著名的米倉、滾滾的濁水溪，以及當地的傳統武術聞名全台。

早在十八世紀時（清康熙年間），福建漳州府所轄的詔安官陂客家廖氏族人渡過險惡的黑水溝，來台尋求新生活，他們沿著虎尾溪北岸一帶，不斷分支開墾、落地生根、在地繁衍。當時，台灣島內終年盜匪猖獗，加諸明末「天地會」流亡遺民屢屢伺機反清復明、沿岸海盜經常出沒，乃至閩粵和漳泉二籍民眾分類械鬥事件不休、衝突日增。於是就在這樣動盪不安的環境下，許多農家村落為求自保、防範盜匪掠奪及破壞莊稼的事件發生，遂以鄰近二十五個庄頭劃分為七個宗族聯防區域，以茲形成犄角之勢守望相助，合稱「七欠」（後來又稱「七崁」、「七嵌」），並從中國請來唐山師傅於農閒時期教授村民武藝，同時配合每年十月秋收各村落舉辦祈安迎神賽會的陣頭表演，致使爾後街上武館林立，習武風氣鼎盛，也讓西螺七崁的武術享負盛名，甚至出現電視劇《西螺七劍》捧紅了一個在正史當中難以考據的地方傳奇人物「阿善師」。

彼時相傳只要北方盜匪橫渡濁水溪南下來犯，一遇到西螺七崁庄頭的抵抗，往往很難全身而退，遂有流傳「能過西螺溪，難過虎尾溪」這句俗諺。據聞早年的師傅教拳，主要都是「暗館」，意即晚上教拳（因為白天要務農），因此趁著夜晚農閒時，師傅就沿著虎尾溪，來到師兄弟的庄頭裡面去教拳，平常往來就很密切，一旦有什麼狀況就會馬上聯絡。由於聯防的需要，在地庄民學習武功的風氣愈來愈盛，也吸引不少中國（唐山）拳頭師傅飄洋過海，到七崁來賣武謀生。

如今在鄉里野史傳奇中赫赫有名的「阿善師」，相傳當年便是為遠避中原太平天國戰亂而渡海來台，隨之輾轉落腳於西螺廣興里一帶創立「振興社」開館授徒。還記得《西螺七劍》劉林飾演的阿善師蓄有長長的鬍子，年紀約七十開外，看上去已垂垂老矣。有趣的是，當時戒嚴時代的電視劇本都需先送審才能播出，原本《西螺七劍》劇情安排年邁的阿善師在前面幾集開場沒多久就必須歸天，演出重點放在後來繼承的七位年輕徒弟身上，但因黨政高層認為，阿善師從唐山過海來台灣，如果客死異鄉，且七位弟子在他死後就要各立山頭，莫非是在影射從中國流亡來台的老蔣一死、中央集權也將隨之分化？華視高層發現事情「大條」了，但《西螺七劍》收視率已經高到絕不能停播，否則草創的華視根本沒資金繼續營運。無可奈何之下，華視只好趕緊修改劇本，讓阿善師這個角色「長命百歲」，而且在《西螺七劍》第一集開場時，就是近百歲已盲眼的阿善師，交代遺言要帶領弟子回唐山……，因此擔綱阿善師角色的劉林也就只好這樣一集又一集地「連續」演下去了。

有鑑於《西螺七劍》一劇大受觀迎，華視遂於一九八六年後續推出「國語版」的《新西螺七劍》，由香港武打明星劉家輝飾阿善師再度播出（為了方便記台詞入戲，劉家輝是以廣東話出演，採幕後配音），但我卻怎樣也聽不慣這齣劇裡滿口講著流利北京話的阿善師，就是讓我感覺全身不對勁。此外，隨著民間傳說、電視劇的廣泛流傳，有關阿善師的傳奇故事很快便衍生出多種版本，如早先於七〇年代風靡台灣中南部各大戲院、隆興閣掌中劇團創始人廖來興的成名劇《五爪金鷹》，即以描述阿善師創設金鷹拳與西螺七崁的英雄故事為背景；而同樣出生西螺的布袋戲大師五洲派黃海岱和新興閣鍾任壁的《大俠百草翁》，以及台灣布袋戲女藝師江賜美等人採用的故事題材等，亦皆與西螺七崁本身歷史有著莫大淵源。

一期一會、如夢青春

有些聲音就像是一團溫暖的毛線圈，伸進歲月的黑洞裡一絲一線地誘出深藏的記憶。禁不住迷戀著過往年代，我只是單純地喜歡聆聽時光背後的溫婉清音。對我來說，簡簡單單一段旋律，一個笑靨，一句歌詞，竟能帶來某種穿透時間的力量，讓內心湧現一股難以形容的暖流，予以抵抗現代城市的疏離和冷淡。如是我聞，歷來那些能以素歌詠唱迷倒眾生的歌者，皆無不挾有一種極其質樸的魅力與純真，聽其音聲婉轉之間，足可讓沉醉者隨她而去。

回溯上世紀九〇年代初期，台灣社會方掀起新一波倡言本土文化復興的懷舊風潮，結合當代流行媒介與錄音技術，許多分屬不同年代、成長背景迥異的歌手——包括當時仍在歌壇正紅的、或早已隱退多年的、或甫出道未久的，均不約而同走進錄音室、深情款

《純情夢》（紀露霞之歌）專輯封面／1967年／孔雀唱片
（作者收藏翻拍）

款地唱起了台語歌，灌錄產製出一批量多而質精的經典專輯，包括像是鳳飛飛唱鄧雨賢（一九〇六—一九四四）的《想要彈同調》、紀露霞唱楊三郎（一九一九—一九八九）的《台北上午零時》，乃至陳明章欲向民歌手陳達（一九〇六—一九八一）致敬的《現場作品》、《下午的一齣戲》等。約莫與此同時，原先創立於台南、隨後遷往高雄的台語歌謠大本營「亞洲唱片公司」，特別以黑膠（LP）母帶復刻的方式，將早期台灣六〇年代紅極一時的文夏、陳芬蘭、吳晉淮、洪一峰、紀露霞等三十位歌手、共近九百首台語流行歌製作成一系列CD唱片。

一九八九年，名曲〈望你早歸〉、〈孤戀花〉的作曲者楊三郎因病辭世，象徵著台語流行歌謠一個風華時代的逝去。

及至一九九三，那年我十七歲。印象中初次聽到亞洲唱片這套復刻專輯收錄紀露霞的歌，雖說是以九〇年代CD為載體，錄音本身卻是道道地地的六〇年代黑膠味道，感覺似有一份舊時光裡的舒閑和恬淡，從容而悠長，以及一股妙不可言的縱放與律動感，歌聲裡有溫馨、有快樂，還有三重埔老家阿媽廚房裡的白米酒味道。回眸遙遠的星光，聆松濤飲冰雪，醺醺然不知今夕是何夕。

天清無雲像大鏡，照咱青青妹伴兄
歡喜緣分天註定，禮拜相招郊外行
行啊行，擱再行
越過山，行過嶺
彼邊是咱青春城

——〈青春城〉／陳達儒作詞／陳秋霖作曲

俗話說：青春是一首不老的歌。從唱片裡，聽紀露霞娓娓唱起這首描述青年男女相偕出遊、謳歌自由戀愛的〈青春城〉幾乎就和文夏一樣，包括他們的歌聲或容顏，都是屬於那種長年青春不顯老的。想起近年來曾在東吳大學舉辦「台灣歌謠數位典藏：紀露霞與洪一峰的流行時代」工作坊，以及台北胡思書店演講場合多次目睹紀露霞本人一代巨星的風采，並於會後呈上我最新蒐找到的數張《紀露霞之歌》絕版黑膠唱片請她簽名。生性樂觀且幽默的她，至今仍看不太出實際年齡，彷彿數十年如一日，永遠予人一種少女的清新。

觀諸早期老一輩（日治時代）的台語歌謠作詞者當中，自幼生長於台北艋舺清水祖師廟附近、奠下深厚私塾漢學功底的陳達儒（一九一七－一九九二），無疑是最為迷戀且擅長歌頌「青春」少女懷春情愫的了，舉凡戀戀山色的〈青春嶺〉、花漾年華的〈我的青春〉與〈青春城〉，「雙人行到青春嶺，鳥隻唸歌送人行」、「月色清光照你我，世間心適真快活」，非常古典的情思與意蘊，在現代場景下顯現出別樣的韻味。「越過山，行過嶺」，其情之悠長，意境奔放，不受拘束。行行重行行，訴不盡青春之美好。這樣的歌，只有走過那個年代的台灣人做得出來。

沉湎於這些曲調流轉、歌遏行雲之間，紀露霞似乎唱的不止於歌，而是道出紅塵愚癡、花飛絮落的世間真相。正所謂歲月如歌，一路走來，彷彿她的青春在其中，她的愛情也在其中。

從當初十八歲（一九五四）在「民聲電台」出道演唱，二十歲時以一首日本曲改填台語詞的〈黃昏嶺〉成為招牌歌而聲名大噪，到她二十四歲結婚退居幕後，在這短短六年間，紀露霞可謂歷經了廣播節目、黑膠唱片及台語電影最輝煌的年代。彼時在電視尚未問世普及之前，位居淡水河左岸的三重埔眾多蓬勃的唱片工廠不時都有新專輯問世，廣播電台每天大量播出新的台語流行歌，同時每年也都會定期舉辦歌唱比賽，成為早期培植（催生）台灣歌壇新秀最重要的傳播媒介。

《黃昏嶺》（紀露霞之歌）專輯封面／1968年／孔雀唱片
（作者收藏翻拍）

過去在廣播年代的最盛期，這些民營電台的台語節目總是匯集了所有台灣聽眾的人氣。只要時間一到，街頭巷尾的民眾都會準時聚攏，收聽紀露霞在中廣「好農村」節目唱〈綠島小夜曲〉、〈荒城之月〉、〈滿面春風〉，在民聲電台唱〈高山青〉、〈純情夢〉、〈蝶戀花〉，之後隨著知名度大開，很快便吸引了多家唱片公司（包括亞洲、台聲、中華、鳳鳴、電塔、寶島）相繼邀請紀露霞灌錄黑膠專輯。而此時本土自製的台語片也正開始風行，不少電影製作人與導演紛紛請她為片中的插曲演唱，包括像是《林投姐》、《雨夜花》、《補破網》、《瘋女十八年》、《運河悲喜曲》等影片，甚至還一度遠赴香港參與電影《桃花鄉》、《搖鼓記》的幕後主唱。根據紀露霞本人的說法，那些年她錄製的國台語歌曲總數大約不少於一、二千首，最高紀錄曾在一天之內灌錄二十一首歌，資深導演林福地形容當年紀露霞受歡迎的程度簡直是「紅到會嚇死人」，堪稱當時灌錄唱片最多產的歌手。

自云有著低調保守的表演慾、性情單純直率的紀露霞，僅把自由自在地歌唱視為平生一大樂事。

「阮是不知世事是什款，阮只知無愛無憔煩，天覆地變，阮是不管，萬事阮也真樂觀」，旋律中蠢蠢欲動的歌聲，像是喚醒了青春的記憶熱烈地噪動著。伴隨著小型編制的管絃樂團響起了輕快而溫暖的序奏，時空轉換，整個場景突然回溯到五十年前的一九六〇年代。而這首歌，曲名就叫〈樂觀小姐〉，顧名思義，可說是相當貼切地映襯出歌唱者紀露霞昔日正值青春年華、天生樂觀開朗的真性情，歌曲（錄音）本身則是收錄在一張當年（一九六五）由紀露霞和另一位女歌手王美瑛主唱、李泉溪執導的電影《艷賊黑蜘蛛》插曲黑膠唱片。

傾聽歌聲停留在回不去的青春裡，緬懷年少的歲月既短暫而絢爛，這才突然意識到，人類對於時間這種東西是永遠無法有滿足感的。此時此刻，唯有透過錄音唱片的媒介再現，方能找回一種承載時間與記憶的聽覺。經過三十年的世事流轉，從台北退出歌壇、遷居嘉義走入家庭生活的紀露霞，由於受邀參與「楊三郎紀念音樂會」（一九九一）的演唱而宣告再度復出，並且在音樂創作者紀利男（他與紀露霞彼此以姊弟相稱，但兩人實際上並無血緣關係）的聯繫催生下，相繼灌錄了《台北上午零時——楊三郎創作歌謠》（上揚唱片／一九九二）、《一代歌后紀露霞——台灣民謠交響樂章》（吉馬唱片／一九九三）等CD專輯。

彼時已年過五十的紀露霞，歌聲甜美依舊，容貌也仍是風采煥然，看起來更為端莊、親切，曲調中多了一股揉入歲月的悲蒼聲韻，和對生活的灑脫。她的歌聲裡有太多故事，彷彿有無盡的思念，既為對蹉跎歲月的慨嘆，亦是對輝煌青春的追悼。

台語電影《艷賊黑蜘蛛》插曲（紀露霞、王美瑛主唱）專輯封面／1965年／環球唱片（作者收藏翻拍）

任憑時光流走，歲月蹁躚，總有眷戀的旋律經久不息。二〇〇七年，紀露霞剛過七十歲，同時出版一套兩張《五十週年演唱紀念專輯》，且聲稱她還要繼續唱下去。

凝望曲盤上溝紋刻劃的，是時間流逝的痕跡。一個人能夠與許多其他生命中不同年歲裡的歌聲相遇，又該何其有幸，宛如一期一會的緣分，只要傾盡所有的溫柔，即使是曾經，也了無遺憾。

上：《一代歌后紀露霞》（台灣民謠交響樂章）壹、貳輯封面／1993年／吉馬唱片（作者收藏翻拍）

下：《一代歌后紀露霞》（台灣民謠交響樂章）參、肆輯封面／1993年／吉馬唱片（作者收藏翻拍）

再現華麗繽紛的歌舞年代

試問，在戲院裡，你可曾見過古裝戲《牛郎織女》清一色皆由女生反串，同時整套節目全無口白、僅有演出者流利地唱唸台語歌調串連而成，並且不斷變換鮮豔戲服載歌載舞驚豔全場嗎？或者，你可曾見過由邵氏黃梅調電影改編的《魚美人》混合了各種國台語及西洋流行歌曲，並搭配所有年輕女演員敞開大腿一字排開、場面規模華麗至極的康康舞嗎？乃至於，你可曾見過日本卡通「真人版」科學小飛俠鐵雄一邊出場唱歌、一邊踏著滑板從眼前豪華佈景、燈光炫麗的舞台上呼嘯而行？甚至是天方夜譚傳奇人物阿里巴巴身穿一襲亮片服裝金光閃閃、伴隨通俗歌曲旋律反覆跳著充滿異國風味的阿拉伯舞蹈？

諸如此類獨特的演出景象，全都出自當年聲名鼎盛、曾於台灣音樂戲劇史上引領風騷二十四載、素有「台灣Takarazuka」（台灣寶塚）美譽而以充滿創意與華麗表演風格吸引許多死忠粉絲追隨的「藝霞歌舞劇團」。

此處所指稱的歌舞劇，乃為過去傳統的大型歌舞秀，最初源起於十九世紀西方世界，台灣到了二十世紀六〇年代才開始出現第一個規模性的本土歌舞劇團，而全盛時期的「藝霞」更曾幾度遠征香港、新加坡、馬來西亞等地，與日本東寶、松竹並列為「遠東三大歌舞劇團」。

一九五八年，日本「東寶歌舞團」首度訪台演出，於台北遠東戲院熱鬧登場，當時來自大稻埕的富商王振玉看完表演後十分神往，因此也想要在台灣集資成立一個足堪媲美「東寶」的全女班（女扮男裝反串）表演團體。恰巧那時王振玉的胞妹王月霞正在林香芸創辦的舞蹈研究社裡研習民族舞蹈，於是便延請林香芸與其夫婿盧友仁擔任編導及舞台監督，以正統芭蕾舞與民族舞蹈為號召——名曰「芸霞歌舞劇團」，開始招募五十名團員，展開為期一年的基本動作訓練。

及至一九六〇年，「芸霞歌舞劇團」在台北第一劇場進行首演，可惜初試啼聲卻票房不佳，所幸基於各界熱烈的讚譽與支持，待演出結束後，便由王月霞接棒舞台統籌與編舞的任務，「芸霞歌舞劇團」自此正式更名為「藝霞歌舞劇團」，爾後舉凡行政管理、票務、會計，舞台、服裝設計等，幾乎全由王氏家族成員分工包辦。當時，所有「藝霞」團員加入之前都要獲得家長的簽名蓋章同意，且一律規定必須住在團方提供的宿舍內進行集訓，吃大鍋飯、睡大通舖，每禮拜只有週日放假一天，並且當天晚間十點以前必須收假回到宿舍，遲歸者將予以罰錢或清潔勞動，無論生活紀律、排練、演出和管理都很嚴格。

「藝霞」每年一次的環島公演，大約歷時六、七個月，公演結束後，便回到台北團部招募新血、重新編排新節目，以備第二年的演出。當時「藝霞」演出口碑可謂聲譽鵲起、如日中天，而主演（唱）者（如該團台柱小咪）的舞台光環比起時下當紅的影視明星更是毫不遜色，因而吸引了許多年輕少女嚮往投身演藝之路，一心一意想要加入「藝霞」。

追想三、四十多年前，就在那個電視媒體尚未普及、好萊塢電影尚未被電腦特效所大舉入侵的年代，「藝霞」演出內容既取材民間神話傳說，同時也即席反映當代流行文化，且不斷吸收電視與電影情節進行改編，遂使各類古今中外風格交錯混雜，千姿百態，每每讓台下觀眾大開眼界、進而衍生無窮的想像空間。

時值民國五、六〇年代，一張「藝霞」戲票起價至少新台幣兩百五十元、黃牛票則是一千元（當時公務員的薪水一個月也才不過六千元！），這在當年可說是不低的消費，但卻仍阻止不了許多霞迷縮衣節食、甚至有阿兵哥犧牲加菜，只為了一個目的——他們要看藝霞。因為對那一代成長於物資匱乏環境下的台灣人來說，「藝霞歌舞劇團」毋寧是他們難忘的共同回憶，同時也是當年父母獎勵子女、子女孝順父母的一項重要娛樂。

從迄今留存著一張張標明「第某次環島公演紀念唱片」宣傳字樣的三十三轉黑膠曲盤當中，端看封面上面刊印了滿場的謝幕團體陣容和觀眾照片，不難想像當年「藝霞」迷倒眾生、萬人空巷的風靡程度，而僅僅從灌錄曲目裡亦可以看出，「藝霞」表演型態確實琳瑯滿目、五花八門，既有古裝劇、時裝劇，也有歌舞劇、民族舞、康康舞等，特別是在過去那個不講究文化版權、著作權觀念還很薄弱的時空背景下，「藝霞」每每巧妙地參考（抄襲）當年最流行暢銷的世界名曲與各類國台語通俗歌曲改編成新式舞碼配樂，包括像是〈真善美〉、〈我的麗娜〉、〈小桃紅〉、〈一寸相思未了情〉、〈山歌戀〉、〈梨山痴情花〉、〈可愛的馬〉、〈往事不堪回首〉等曲目均曾盛行一時，而且當時為了要迴避國民黨政府雷厲風行的禁歌政策，有些還得經常更改歌名或歌詞內容，甚至直到臨場演出前一刻才緊急抽換掉整個曲目，十足展現出早

《藝霞歌舞劇團第十二次環島大公演紀念》專輯封面／1976年／合眾唱片（作者收藏翻拍）

期台灣庶民社會百花齊放、豐饒多變的文化生命力。

聆聽唱片之外，對於今天許多台灣四、五年級生來說，或許可能還記得的是，那時發財車穿梭大街小巷、宣傳名滿東南亞三大舞團載譽公演的「藝霞歌舞劇團」廣播喇叭聲音，早已飄蕩得好遠好遠……

揹起一把吉他，流浪到遠方

那些年正是台語電影及台語黑膠發行量最大、銷售最輝煌的時光。

但凡只要有電唱機、聽得懂台語的家中，差不多都有文夏的唱片。其中，根據鄧雨賢在日治時期以「唐崎夜雨」化名譜寫〈鄉土部隊の勇士から〉（鄉土部隊勇士的來信）所填詞改編的一曲〈媽媽我也真勇健〉，更創下台語唱片銷售最好卻也遭禁唱[1]最久的歷史紀錄。

01 一九六〇年，〈媽媽我也真勇健〉這首歌出版後不久即遭禁唱，查禁的理由之一是國防部認為歌詞有煽動軍人懈怠的含意，直到一九九一年才解禁，整整被禁了三十二年之久，據說早年役男若在軍營中唱這首歌還會被關禁閉。

《文夏的行船人》（文夏懷念的名歌）第二集封面／1969年／亞洲唱片（作者收藏翻拍）

回顧過去，從一九六二年初次登上大螢幕的《台北之夜》，乃至一九六九年告別影壇的《再見台北》，文夏在這段期間共主演了十一部台語電影。彼時這些冠名「文夏流浪記」一連串的電影主題歌，大多改編或翻唱自日片小林旭（一九三八—）俗稱「候鳥系列」（如一九五九年《ギターを持った渡り鳥》（拿吉他的候鳥）、《萬里遊俠》）歌曲旋律，至今仍深深烙印在無數影歌迷的腦海中。

優美的晚暝，快樂的晚暝，台北的好晚暝
滿天青紅燈，光光的閃爍，行來行去的姑娘
也會對阮來招呼，安慰著旅人
快樂的晚暝，來來吧來來，來來吧來來
小姑娘二八青春，親像花蕊正當時

——〈台北之夜〉／一九六二

溯及半個世紀前，就在那個聆聽「留聲機」與「拉吉歐」（Radio）作為主要娛樂休閒活動、台語片正值興盛的年代，這首由文夏（Wen Hsia）主唱、內容描寫現代台灣都會夜晚風情的〈台北之夜〉，曾經伴隨著同名電影在全省各地隨片登台傳唱一時，成為當年最夯最賣座的台語片流行歌。

影片中，男主角一貫以「阿文哥」為暱稱，劇情則模仿日本昭和時代家喻戶曉的大明星小林旭的遊俠流浪片，以揹著一把吉他浪跡天涯、行俠仗義，扮演纏鬥於黑社會除暴安良、解救美女的英雄形象而深植民心。彼時六〇年代小林旭、石原裕次郎的日本歌謠電影盛行，片片轟動，在台灣更是不斷吸引島內年輕一輩競相仿效，且因電影大受歡迎，連帶其所演唱的歌曲也跟著爆紅，幾乎每首小林旭的曲子都曾被翻唱為台語歌，諸如文夏〈流浪之歌〉（日曲〈放浪の唄〉）、洪一峰〈想起彼當時〉（日曲〈思い出した思い出した〉）、黃三元〈流浪兒〉（日曲〈俺も行くから君も行け〉）、郭大誠〈快樂的油漆工〉（日曲〈宇宙旅行の渡り鳥〉）、黃西田〈愛某不知艱苦〉（日曲〈自动車ショー歌〉）、葉啟田〈真快樂〉（日曲〈アキラのズンドコ節〉）等，庶幾網羅了所有活躍於六、七〇年代台語歌壇的成名歌手，可想見當年小林旭旋風影響之大。

「放棄的阮故鄉，總是也無惜，流浪來再流浪，風雨吹滿身」，此處隨著唱針滑過曲盤〈流浪之歌〉軌道內那塵封的聲音，且聽文夏以他特有陰柔恬淡、帶點哀

《阿文哥》（陳子福手繪電影海報）／1964年（作者收藏翻拍）
該電影由文夏編劇，為「文夏歌唱流浪記」系列之一。

怨的高亢嗓音娓娓唱道：「路若行有東西，人生有光彩，雖然日頭在天，不時照落來，春天呀緊過去，秋天就要來，可憐的阮青春，悲哀的命運」。誠如歌中所云，那正是台灣剛藉美援站穩腳步，並摸索著靠加工業帶動經濟發展的年代。但由於年輕人在農村找不到工作機會，社會物資匱乏，生活普遍困頓，許多失學貧苦的中南部農家子弟因此不得不離開家鄉、北上謀生，紛紛湧往人生地不熟的各大都會，盼望靠努力打拚能有出人頭地的一天。

觀諸那一整代的工僕階層每每踏實認命、咬牙茹苦地撐了下來，而遍布於大街小巷無所不在的收音機電台則是聲聲入耳，成為困頓勞碌的舊時歲月裡苦中作樂、自尋排遣的固定背景。

類似像這樣的時代悲歌，當時廣為流傳的還有陳芬蘭〈孤女的願望〉，亦與五、六〇年代諸多耳熟能詳的台語名歌殊無二致，均取材自東洋曲調，而且無論曲名或內容幾乎都是跟「流浪」、「離鄉」有關。除此之外，倘若針對這類「日曲台唱」的台語歌與日文原曲相互比較，參照兩者之間的詞語音韻和曲調契合程度，往往不由得驚嘆早期葉俊麟、愁人（文夏筆名）等名家改寫功力之高明，時下雖有不少人甚為輕視由東洋曲改填台語詞的「混血歌」，但優秀詞人所能發揮的社會影響力卻委實不容小覷。

話說出身台南地方富裕家庭的文夏，從小就跟著父母在教會裡的唱詩班哼哼唱唱。稍後及長時，在台南經營布業的父母親不僅十分鼓勵文夏的音樂嗜好，但因早年台灣並未成立專門的音樂學校，故而從國民學校畢業後，便不計花費送他到東京就學，並拜請名師宮下常雄門下學習鋼琴、聲樂與作曲，還學唱義大利歌劇和英文歌曲，同時他也趁課餘時間練習夏威夷吉他與西班牙吉他，奠下日後籌組樂團、自彈自唱的基礎。及至戰後初期，就讀台南高級商業學校的文夏便自組「夏威夷音樂隊」，特別喜歡演奏世界名曲與夏威夷曲調。假日期間，便常見文夏與樂隊其他成員分乘幾艘小船，在台南運河演奏音樂。

當時知名度漸漸打開的夏威夷音樂隊開始被中廣電台請去每週表演一次，然後將錄音帶送到嘉義、台中、台北各地電台輪播，但在電台節目裡為了隱瞞學生身分，本名王瑞河的文夏需要一個藝名，那時因為父親經營「文化布行」與「文化縫紉補習班」之故，從小許多人就叫他「文化仔」，而他又特別鍾愛夏威夷音樂，再加上「文夏」與「文化」的日語讀音BUNKA相同，於是便取了「文夏」為藝名。

高二那年（一九五一），文夏譜寫了生平第一首曲子，並請求在他家附近的第七信用合作社總幹事，也是著名的詩人許丙丁填詞。等拿到歌詞時，文夏卻駭然驚呼：

「這哪是歌詞？簡直是一首詩嘛，真是太美了。」這首歌便是文夏在台南「亞洲唱片公司」出版首張台語專輯《漂浪之女》主題曲，至今仍深受許多歌者喜歡，乃是文夏向來的招牌曲之一。

一九五七年，台北三家廣播電台（正聲、民本、中華）陸續舉辦第一屆全國歌唱選拔賽，全台各地爭相仿效風潮所趨，許多在兒童組歌唱比賽奪冠的孩子，都希望跟隨文夏學習。包括台南早期知名音樂製作人黃敏的女兒文鶯也是兒童組冠軍，在黃敏促成下，年方八歲的文香、文鶯、文雀成了文夏的學生，也就是所謂第一代的「文夏三姊妹」，及後加入文鳳，組成了「文夏四姊妹合唱團」，隨之巡迴各地登台演唱，並開始錄製《文夏採檳榔》、《十八姑娘》、《流浪三姊妹》、《綠島之夜》、《妻在何處》等台語專輯，部分曲目後來選為文夏拍攝電影的主題曲或插曲。

大抵自一九六〇年中期以降，台灣各地相繼設立「加工出口區」予以提供大量廉價的勞動力，鄉鎮裡許多年輕女孩子也跟著前往大都市就業，當時文夏便陸續從日本曲裡寫下眾多以女性為題的系列歌曲，包括〈南國賣花姑娘〉、〈快車小姐〉，從鄉下姑娘一路唱到了都市小姐，至於男性則出現在與行船人有關的歌曲中，包括〈我是行船人〉、〈悲情的行船人〉、〈青春的行船人〉、〈文夏的行船人〉等。

《妻在何處》（文夏懷念的名歌）第十四集專輯封面／1969年／亞洲唱片（作者收藏翻拍）

一九七二年，台日斷交，政府明令禁播日本電影，日曲台語歌也遭禁唱。之後於一九七六年，行政院公佈「廣播電視法」開始實施，規定「電視台和廣播電台一天只能播送兩首台語歌」（直到一九九三年方才解禁），致使許多台語歌曲創作者、唱片公司、歌手完全失去發表舞台，也自此宣告了台語歌曲產業盛極而衰的宿命。於是乎，眼見在台灣已無發展空間，文夏被迫另覓舞台，與妻子文香遠走他鄉到日本、東南亞發展。

我赫然想起，某天午後閒逛位在八德路「合友唱片行」斜對面二樓的「百城堂」古書店，在這裡淘到了一張罕見的四十五轉十吋黑膠薄膜唱片，是由日本「箱根湯本觀光協會」製作，我留意到封套背面的解說文字註明：「唄（歌唱者）：夏邦夫（文夏）」、「合唱：天使歌舞合唱團」，而他們皆來自台灣。唱盤上，我聽見從膠片溝槽裡傳來彷彿熟悉的歌聲依舊，只不過原本習知的「文夏四姊妹合唱團」已易名為「天使歌舞合唱團」，而主唱的文夏也換了陌生的日文名字「夏邦夫」。

「我這一生，目前總共灌了一千兩百首歌曲，我相信是空前絕後啦！」晚年將屆八十高齡，畢生奉行完美主義、始終不改浪漫性情的文夏如是聲稱：「我到現在還是每天練嗓子，比起過去，聲音只有卡好沒有卡壞。」不論時代如何改變，流行

《新箱根音頭／湯本ゆらり節》（文夏旅日時期唱片）專輯封面與曲盤圓標／1970年代／日本箱根湯本觀光協會（作者收藏翻拍）

音樂的媒體環境如何改變，他始終保持最佳狀態，從不輕言退場。

二〇〇二年，文夏創作新曲《兄弟演歌》，在這張專輯中，特別收錄一首華語歌曲〈情人的演歌〉。二〇〇三年自譜詞曲寫下族群融合的〈大台灣進行曲〉。二〇〇四年陳水扁總統在「台灣之歌頒獎典禮」上特別頒發獎狀，表揚文夏，並尊稱他為「台灣國寶」。據說目前文夏已著手寫回憶錄，讓歌迷除了歌聲影像外，還能透過文字瞭解屬於他那個年代的起起落落以及悲歡離合。

獨有哀韻暗暗吟

——台語歌謠作曲家許石及其〈安平追想曲〉傳說

身穿花紅長洋裝，風吹金髮思情郎
想郎船何往，音信全無通，伊是行船遇風浪……
想起情郎想自己，不知爹親二十年
思念想欲見，只有金十字，給阮母親作遺記……
安平純情金小姐，啊～等妳入港銅鑼聲

一九六二年一月十日這天傍晚，位在台北市中山堂的表演廳裡正舉行一場別開生面的「台灣鄉土民謠歌舞表演會」，舞台前面特別豎立了多達二、三十枝的麥克風，為的

《台灣鄉土民謠全集》（許石編曲指揮）專輯封面／1967年／太王唱片（作者收藏翻拍）

是讓甫自「日本歌謠學苑」學成歸國的旅日作曲家許石（一九二〇—一九八〇）來為現場觀眾獻唱〈安平追想曲〉這首招牌歌。曲中某處橋段是這麼唱的：「身穿花紅長洋裝，風吹金髮思情郎……相思寄著海邊風，海風無情笑阮憨……」彷彿宿命般道盡了一對母女兩代人的悲淒愛情——母親愛上荷蘭船醫，女兒愛上船員，卻都同樣落到佇立安平碼頭邊無止盡等待大船入港、盼望愛人歸來的命運。正所謂「旋律淒淒、詞句情切」，然而有趣的是，儘管該曲吐露時代悲戀的歌調內容極為哀怨，但其旋律節奏相對卻很輕快，似乎令聽者乍感於苦悶情緒當中又抱有一絲光明和希望的意味。

此處倘由迄今留存當年許石本人演唱灌錄的黑膠曲盤靜靜聽來，他的嗓音既非屬於某類型天才歌者與生具備晶瑩剔透的高音美聲，演繹歌詞情感也並不外放顯現得如何慷慨激昂、淋漓盡致，反倒是帶有些淡淡的苦澀味，近乎一種內斂「哀韻暗暗吟」而壓抑著的獨白，聞之令人心有慼慼焉，其間不時繚繞浮浮沉沉低吟迴盪的滄桑感在夜晚聽時毋寧更加的迷醉。

想當初，好不容易捱到戰爭結束、待完成學業後旋即從日本返回台南老家的許石，在那幾年總是風塵僕僕地趕赴全台各地，展演之餘也同時到處採集鄉土民間曲調。當時他一心想要舉辦民謠音樂會、並籌組歌舞團進行公演，卻因旅途所費不貲而遲

《許石傑作金唱片》專輯封面／1969年／太王唱片
（作者收藏翻拍）

遲未能成行，幸賴同鄉仕紳、亦為府城當地著名的藝文愛好者許丙丁（一九○○—一九七七）及時慷慨襄助，始能促成許石的環島巡迴演唱，這番因緣也使得二人自此成了忘年之交。後來，許石作了一首曲子委請許丙丁填詞，且在他提出不可更改曲調任一音符的要求下，自謙不擅長此種曲風的許丙丁另薦艋舺文人作詞家陳達儒（一九一七—一九九二）代勞，而所幸接受委託的陳達儒則於某日偕同妻子遊覽台南安平古堡時靈感湧現，遂採用許石以小步舞曲三拍子的節奏旋律寫成了〈安平追想曲〉此闕名歌。

起先，原本〈安平追想曲〉發表之初並未很快造成轟動，一方面因為許石本身極為注重音樂著作權益的緣故，再者由於他對自己創作的歌曲唱法相當堅持，因此往往不讓人隨便演唱、翻唱。為此，許石曾經先後在三重埔河邊北街創立「中國唱片」（一九五二）、「太王唱片」等公司（隨後遷至台北市延平北路），並且親自灌錄製作《台灣鄉土民謠全集》一系列黑膠曲輯，同時收錄了自己譜曲和演唱的歌謠作品（主要包括〈鑼聲若響〉、〈安平追想曲〉、〈三聲無奈〉、〈行船人〉、〈夜半路燈〉等），而這些唱片封面均可顯見以高音譜記號作為「許石」簽名樣式的圖案設計予人印象深刻。爾後，許石雖然在經營唱片工廠一事屢有賠累，但他卻屢仆屢起，並以推廣樂教的心態持續舉行音樂發表會，其曰「執迷不悔、擇善固執」如（頑）石般，果真是人如其名！

職是之故，當年（一九六九）宣稱「平生奉獻予音樂終不悔」的許石甚至還將膝下年齡相仿、能歌善舞的幾個女兒為班底（許石共育有八女一男），組成了「許氏中國民謠合唱團」，並採用傳統樂器（如古箏、二胡、琵琶）巡迴東南亞各國演出。另外，早年受過日本正統音樂教育，曾經在台南中學、台中高工、樹林中學等地擔任教員的他不僅僅深諳許多唱歌技巧，還會彈琴、作曲。彼時為了廣營生計之資，許石也開始向學校租借教室籌辦「歌唱（聲樂）訓練班」對外招生，這段期間更相繼拔擢了不少學生躋身（歌壇）演藝界，諸如資深音樂創作人黃敏、「金嗓子歌后」顏華、「民謠歌王」劉福助，以及台語歌手林秀珠、鐘瑛等皆一概出自許氏門下。據說當年許石教導學生唱歌特別著重於自然發聲訓練，而他更經常帶領學生至淡水河或者鄰近溪邊河岸處對著流水作發聲練習，自己則坐在一旁石頭上譜寫歌曲、抑或整理他從各地鄉鎮所採集到的民謠曲調。

「台灣重回祖國懷抱的第二年二月，我從日本修畢歌謠作曲回國，就著手搜集記錄我們祖先流傳下來、富有中華民族性格的台灣民謠。」根據六〇年代晚期許石出版《中國各省民謠演奏曲》唱片專輯刊載〈編曲兼指揮者的話〉一文表示：「這種具有樸實淳厚旋律，優美悅耳的音樂遺產，使我愈搜集就愈感興趣。我國歷史悠久，幅圖廣闊，真是搜不勝搜，記不勝記，我以全部財產、精神和時間來研究台灣民謠，一轉眼竟有了二十多年。」

話說早年許石採集民謠的豐碩成果，大多均彙整收錄在他所經營的「太王唱片」發行一系列唱片當中，其搜羅幅度廣泛地囊括了中國各省民謠、台語歌曲（福佬系民歌）、原住民歌謠等，就連在《台灣鄉土民謠全集》曲盤裡也有不少客家音樂，其中較為知名的，便有一首當年無意間被張美雲演唱而因此走紅的客家民謠〈天空那，落水喔〉！

此外，據聞在「寶島歌王」文夏接受媒體訪談及回憶早期私人日記內容指出，過去許石曾帶領他四處採集台灣鄉土音樂，包括率先記錄恆春老藝人陳達年輕時的歌聲，以及文夏後來甚至根據〈思想起〉曲調創作了台語歌。然而，實際上所謂的「文夏日記」迄今不僅尚未整理公開出來，且那些傳聞中的錄音資料也不知身在何方？類此種種臆測真相未明，以致於到目前為止在台灣歌謠音樂史上仍有若干疑點始終無法獲得澄清。反觀僅存徒留下來的，大抵唯有當年這位曾在戰後初期極為活躍、日後卻長期遭受忽視的「寶島名作曲家」，其筆下歌詠浪漫戀情與異鄉漂泊的無盡追想了！

歌壇闖蕩父子情

前年（二〇一〇）二月，繼寶島（低音）歌王洪一峰（一九二七—二〇一〇）辭世之後，不唯該年度金曲獎旋即為此頒發了「特別貢獻獎」來讚揚他畢生對台灣歌壇的卓越貢獻，另由洪家三兄弟創立「洪一峰文化藝術基金會」負責製作執導、傳頌誌念其半世紀歌唱演藝生涯的傳記電影《阿爸——思慕的人》，也隨即於翌年（二〇一一）十月正式上映。

影片中最重要的兩位主角：一個是嚴格的父親，一個是叛逆的兒子，同樣的微笑神情、同樣的感性音質。電影《阿爸——思慕的人》主要由洪榮宏的小弟洪榮良擔任導演，並找來台語歌手林俊吉飾演洪一峰、台中龍井小歌王林洧鋌飾演洪榮宏，兩人在電影裡以復古造型登台獻唱，意圖重現三十年前洪氏父子攜手開創台語歌壇半邊天的盛況。

《孤兒淚》專輯封面／1973年／中外唱片（作者收藏翻拍）

眾所周知，與生俱來高亢嗓音的洪榮宏從小就被父親洪一峰施以嚴格的音樂訓練，約莫從三、四歲起每天清早起床便得開始練嗓、彈琴，啊啊啊地練唱音階，而那年才不過十歲的他，乃效法當年（一九六七）以一曲義大利民謠〈Mama〉風靡全世界的荷蘭金嗓子童星海恩奇（Heintje，一九五五—）。昔日海恩奇不僅演出過多部電影、同時也灌錄了無數張專輯，尤其在電影《Einmal wird die Sonne wieder scheinen》（愛的太陽）當中由海恩奇本人主唱的多首插曲更是吸引了無數觀眾和聽眾，有趣的是他在電影裡也使用本名——Heintje（海恩奇）。於是乎，童年時代直把海恩奇視為偶像的洪榮宏很早便與父親一同登台亮相、並陸續在全省各地巡迴演唱。職是之故，一個十幾歲的小歌星，回想當年被迫面對的各種壓力往往大到一上台就想吐，少年時代的洪榮宏自承他背負了太多父親尚待完成的夢想。

所謂「中國海恩奇」、「歌壇神童」，這些都是一九七三年洪榮宏（一九六三—）灌錄生平首張台語唱片《孤兒淚》專輯封面上的宣傳頭銜。

「日落山，黃昏天，阮自己行溪邊，引起阮心稀微，孤單空相思」，彼時經由洪一峰的調教安排下、毅然投身歌壇江湖的少年洪榮宏，在台語歌集《孤兒淚》演繹一首同名主題曲中以其特有嘹亮高亢的稚嫩童聲唱道：「啊～昔日甜蜜，幸福又團

《孤兒淚》專輯封底／1973年／中外唱片（作者收藏翻拍）

圓，親愛爹娘我愛你，毋敢放忘記，為什麼，為什麼，為什麼，為什麼，為什麼欲分離，傷心目屎滴」。然而，當初年僅十歲的他其實並不大懂得歌詞的意思，所有歌曲都是父親洪一峰一字一音親自教導，而那時他也只能透過聲音、曲調和旋律當中去感受歌曲意境。

此外，在這張專門替洪榮宏量身打造、堪稱父子檔初次合作灌錄的黑膠曲盤《孤兒淚》當中，洪一峰甚至還為洪榮宏特別設計了某些要拉長尾音的歌曲段落，以便讓他好好大展歌喉技巧。據說當時台語歌曲登台演唱者能夠拉長音的很少，而洪氏父子不僅為此首開風氣之先，並且規定最少要一口氣拉上四十秒、五十秒乃至一分鐘左右，直到聽眾都拍手叫好才能停。

隨之，為了往後在歌唱演藝生涯尋求更進一步的發展空間與專業訓練，洪一峰乃安排洪榮宏隻身前往東京一位音樂老師家中拜師學藝，並在東京銀座屬東寶電影公司旗下劇場客串演唱。那時洪榮宏單獨在日本住了一年多，自云經常因為想家躲在棉被裡哭，復因身旁缺乏同齡友伴而備感寂寞孤獨。不過對他來說當時最大的衝擊，卻是在這段期間父母雙親突然宣告離婚分居，此一驟變頓時使他自覺過去曾在《孤兒淚》專輯高唱〈親愛的媽媽〉、〈快樂的爸爸〉等孺慕父母情份、天倫之樂的夢想瞬間破碎，於是他便中斷學習回到台灣，並且跟隨母親回到後龍外婆家，可卻也讓他原本沉悶孤獨的性情變得更加封閉。

此時此刻，彷彿印證了幼時演唱〈孤兒淚〉吐露男主角本身初次踏入社會、因而不得不和父母分離的悲痛，回想昔日被迫失去的童年歲月，以及彼時個人棲居異鄉不得親情慰藉的種種心境，爾後洪榮宏乃根據往昔這段哀傷記憶寫成了〈爸爸〉這首歌：

你是我生命的爸爸，你是我歌壇的爸爸
是你，把我帶來這世間
是你，教我歌唱登台生活
你是我怨嘆的爸爸，嘛是我最愛的爸爸

話說由於當年父母離異，再加上洪一峰從小對長子洪榮宏有著較高的期許和嚴格的栽培，因此早期洪榮宏對父親幾乎都是處在一種愛恨交雜的心態。

爾後，約莫從十歲到十八歲成年為止，洪榮宏接連出版了《變心一時》、《多情的男子》、《爸爸在哪裡——流浪之歌》、《他鄉的男兒》、《北國之春》、《故鄉迎鬧熱》等十六張唱片，其中既包含台語老歌也有日文歌，而特別是在日語歌集《北國之春》發行之後，洪榮宏開始受邀到歌廳作秀，遂於全台北中南各地四處趕場。十九歲那年出版《一支小雨傘》唱片，更讓他從此一鳴驚人紅透半邊天。

然而，年少時期的洪榮宏雖以唱歌成名，同時卻也因唱歌受苦。家計的負擔，以及接踵而來的餐廳秀、工地秀，致使他必須不斷南北走唱應付各界邀約，卻仍逃不過黑道勢力介入的威脅恐嚇和追殺，當時所有無法解決的壓力與情緒都只能藉由酒精來痲痺自己，其間足足有十年左右整個人陷入低潮。後來，所幸洪榮宏經由母親的帶領下接觸耶和華，過去曾經怨懟的種種不安終於在宗教洗禮下得到慰藉，且隨著洪榮宏也成為人父之後，重新感受父親當年的期待與深情，如今他心中只有感謝，而昔日的恨海愁山亦早已忘卻。

食物相剋勸吃調、江湖走唱譜成歌

對西方人來說，《聖經》一直是全世界擁有最多不同語言譯本、印刷量及銷量最高的暢銷書。然而在台灣，出版數量最多、銷量最驚人的那本書，叫做《農民曆》[1]。

童年的我，天真地一度以為家裡桌案上常見必備的那部三十二開老舊黃皮封面《農民曆》毋寧是這世界上暗藏著最多不可言說奧秘的一冊奇書了！

翻開內頁一覽，只見時令節氣依天干地支、按年照月地順序排列，每日各有劃欄記

01 根據學者研究，僅一個地方農會每年委製的數量就可達到十萬本以上，實際台灣地區一年印製的農民曆或超過二千萬本，且版本可達幾十種之多。

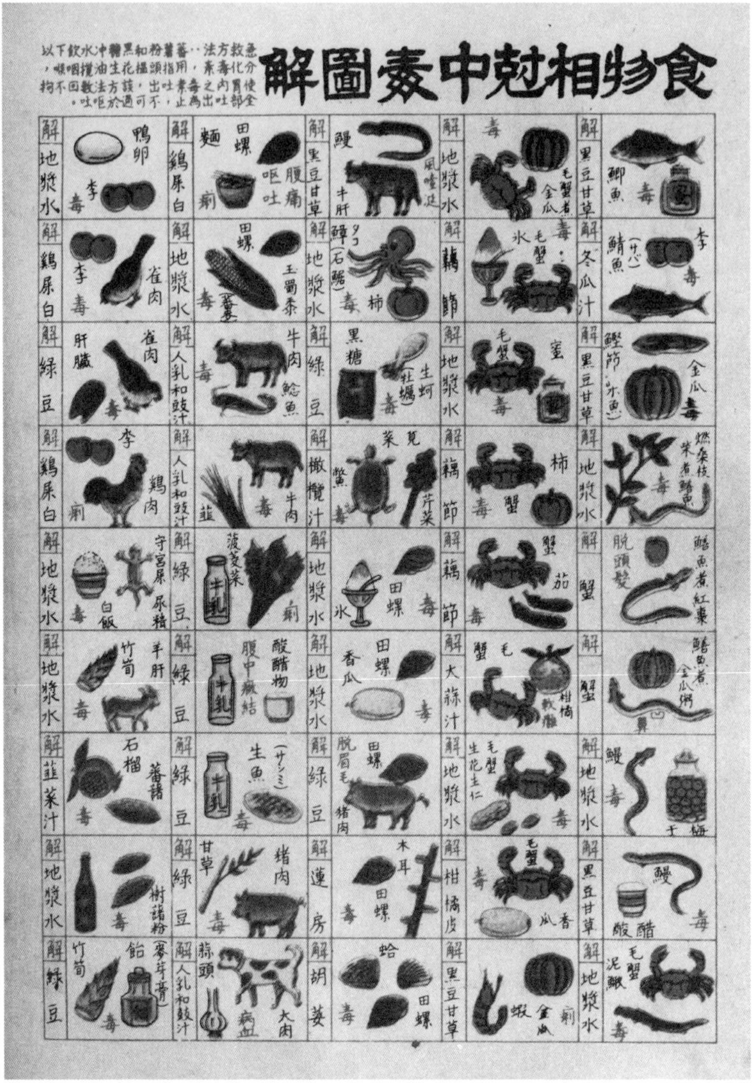

「食物相剋中毒圖解」／《農民曆》／1978年（作者收藏翻拍）

載陽曆陰曆、吉時凶辰、卦爻、節慶、沖煞方位之事，舉凡婚嫁慶典、房屋落成、遷居入厝、店鋪開張，以往家族長輩們每每拿它來作為挑選良辰吉日的重要依據，通常在末頁甚至還附有安太歲符咒與方法。

而我，則是對於書中附錄有關年歲生肖的命卦簡表感到特別好奇，比方說只要拿生辰時日來推算，便能得知自己的「命格」到底有幾兩重？（小時候尤其很擔心自己的命格八字太輕會容易遇到鬼！）於是我便一面想像它那彷彿能穿透未知時空的預言效力，早在孩提時代即已似懂非懂地意圖從中窺探著自己的未來。

類似這些內容，據說都是早從古代農業社會流傳下來的先民智慧，迄今一般農民或老一輩台灣人的生活節奏大多仍依循著《農民曆》記載而行事。除此之外，其中最令我印象深刻的，自當莫過於刊印在它封底背面的那張「食物相剋中毒圖解」！

此處所謂的「食物相剋」，乃意指哪些食物混合食用將會導致中毒（以及身體不適），而中毒之後又該選擇何種食物來解毒，這些內容均納入五行九欄的表格圖解來說明。乍看之下，其實就像是以簡易插畫形式構成的一張日常食材「化學元素表」，主要用來提醒人們不可隨意搭配食物胡亂吃喝，並藉由傳統五行陰陽理論強調「相生相剋」概念來詮釋不同個別食材之間的微妙關係，猶如歐洲中古世紀神話裡的煉金術般，很奇妙也很有趣。

觀諸「食物相剋中毒圖解」背後所蘊含的「食禁」養生知識普遍影響台灣民眾生活層面之廣，不僅多年來早已被納為各種民間版本《農民曆》不可或缺的必備內容，亦可常見於早期藥包袋包裝、中醫典籍、宣傳海報以及地方歌謠等。

一九七〇年，自幼在（台北）士林街集英社子弟團鑼鼓聲中長大的台語歌曲創作者郭大誠（一九三七—），首度破天荒以「食物相剋」為主題，在「中美唱片」公司灌錄了一張黑膠唱片——專輯名曰「勸吃調」。該唱片封底以括弧註明：主歌〈勸吃調〉又稱〈食物相尅歌〉，林秋標先生作詞，郭大誠先生譜曲，郭大誠先生主唱。裡頭的歌詞作者林秋標，乃為郭大誠的學生之一，亦曾是早期著名的廣播節目主持人。

郭大誠本名「郭順洋」，日治末期出生於台北士林，父親是「拳頭師」，當年在台北市圓環附近林祖厝後面開設武術館，以一把關刀作「看板」（招牌）。父親精通拳腳功夫，原想傳藝於他，但是郭大誠不喜練武，獨鍾愛演奏北管音樂、唱歌寫曲。早年他在學北管時，經常聽到社團裡的長輩講四句聯，因此他寫歌詞非常重視韻腳，並且喜歡在歌曲裡加入大量口白，這些口白不僅內容逗趣，音韻唱念起來也很流暢。後來郭大誠將當時在外闖蕩江湖、走唱賣藝營生的各種行業人物形形色色寫成了「流浪

勸吃調
猪母肉●不是酒就是侷
郭大誠最新傑作集
中外唱片
CS-6063
《食物相尅歌》

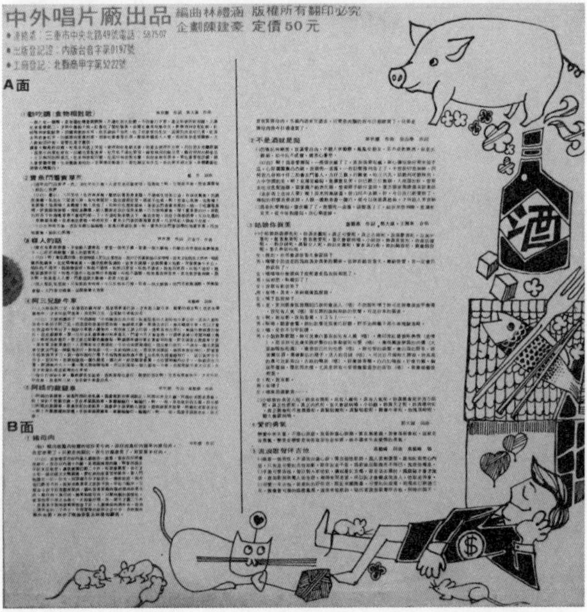
中外唱片廠出品
編曲林禮涵 版權所有翻印必究
企劃陳建豪 定價50元
A面
B面
酒

系列」歌曲，如〈流浪魔術師〉、〈流浪拳頭師〉、〈流浪賣布兄哥〉、〈流浪補雨傘〉、〈吔玲瓏賣什細〉。繼「流浪系列」走紅後，他又接連創作「糊塗系列」，人稱「糊塗歌王」。

「人講吃食就要細二（小心），才袂中毒醫大病」，聆聽曲中郭大誠以充滿鄉土俚俗趣味、宛如廟前講古般的口吻唱道：「喝燒酒不能配紅柿，紅柿也不能配魷魚，田螺不可炒木耳，你若笨笨擱不知死，吃了你就找先生（醫生）喔」，其間不時佐以簡易的歌詞旋律，明白指出「食物相剋」一事對於個人飲食生活與身體保健的重要性，並教人時時注意不可違背相關飲食戒律，歌調唱腔別樹一格，詼諧且幽默。

〈勸吃調〉（又名〈食物相尅歌〉）

林秋標作詞／郭大誠作曲演唱／一九七〇

一個人有一張嘴，若有通吃嘴著開開
不通吃到大肚歸，不但會打歹胃，著去便所結相隨

右頁：《勸吃調》（郭大誠最新傑作集）專輯封面、封底／1970年／中外唱片（作者收藏翻拍）

人講吃食就要細二，才袂中毒醫大病
紅棗吃了擱吃鱔魚，你頭毛會掉到沒半支
喝燒酒不能配紅柿，紅柿也不能配魷魚
田螺不可炒木耳，你若笨笨擱不知死，吃了你就找先生喔
蔥頭狗肉是咱卡賣，吃了去到底是會起癢
田螺豬肉是真利害，相參吃了會掉眉毛
健康身體是人人愛，相剋食物是要了解
大人教乎小孩知，你著要注意才應該
講到大米是炒田螺，吃了去到底是尚哭八
便所甲你是結夫妻，你著去便所吹鼓吹
每位朋友任聽詳細，那韭菜牛肉是賣吃做伙
田螺也不要配番賣，吃竹筍也不通配麥芽
那蜂蜜不通滾豆花，雞仔不能炒金瓜
土豆不能炒黃瓜，吃冰不能配田螺
吃茄不能配毛蟹，相剋食物是很多

要吃著要想詳細，隨人著愛顧身體，生命健康是咱的
若要清涼解毒火，就要吃綠豆與冬瓜
在此要來祝大家身體健康吃到頭毛嘴鬚白

從現代觀點來看，過去農業時代由於醫藥保健觀念未臻發達，加上早期交通不便、且缺乏冷凍設備，使得諸如田螺、毛蟹、蝦子等水產食物經過長程運送不易保存，稍有不慎就有可能感染寄生蟲而腐壞、變質，倘若將這些腐壞的蝦、蟹吞下肚後又再吃了其它蔬菜水果當然是會拉肚子，因此人們往往就誤以為這些食物彼此之間互有牴觸，遂在口耳相傳下逐漸萌生「食物相剋」中毒之說。

換言之，諸如〈勸吃調〉歌詞所唱：「田螺豬肉是真利害，相參吃了會掉眉毛」、「田螺也不要配番賣（玉米）」、「吃冰不能配田螺」、「吃茄不能配毛蟹」等云，很可能是因為田螺、毛蟹本身即帶有寄生蟲所致，古人所謂的「食物相剋中毒」，實際上泰半很可能是因水產食品不潔所引發的細菌性腸胃炎或是過敏現象。

如今隨著時代醫療技術與觀念的進步，昔日這些歸結先人經驗的「食物相剋中毒」諸多說法儘管早已不再適用於當下，甚至有些食物的搭配在現代社會裡實在是匪夷所

思，但它卻曾經如此重要地長年流傳於台灣傳統社會基層當中，標誌著屬於早年農村生活特有的飲食知識以及民俗信仰。

舊唱片（黑膠）有時就如老照片，往往能夠喚醒人們懷念的那個遙遠年代。且當你聽多了郭大誠的歌，習慣之後也就會慢慢發現，原來最具生命力的創作素材始終仍藏匿在臥虎藏龍的江湖之中。

台北橋下賺吃人

最近接連聞知幾位國內外流行樂壇天后（惠妮休斯頓、鳳飛飛）一個個相繼向人世間告別，正所謂浮生若夢、歲月如歌，驀然回首、幾番嗟吁，於今恰逢清明祭祖掃墓時節將至，不免心中頓時萌生一股感慨與追懷之情。此際大概再過一個月餘，就是農曆四月二十五俗稱「三重埔大拜拜」五穀王廟神農大帝遶境的重要日子。

記得小時候家住三重埔每到了這一天，幾乎全境各間廟宇廟埕都會搭戲棚，相繼上演野台歌仔戲、布袋戲及南管地方戲曲，家族長輩們也都會特別宴請各地親朋好友到家裡作客，街上隨處都是吃不完的流水席，甚至有的親戚遠從南部來吃拜拜，還擰著草席在客廳打地鋪、非給你住上一星期不可。從小就聽叔伯阿姨說起幾十年前這個號稱「每年吃掉一座中興大橋」的節日盛事熱鬧異常：早自當日中午起，從台北橋到中興橋一帶均實施交通管制，只准行人通行，傍晚時食客紛紛聚集在台北橋上、人山人海蔚為奇觀，偶然收聽廣播電台還會不時提醒開車族：「如果沒特別的事不要經過這一帶……」

記憶中，夜晚的台北橋下暮色朦朧、沁涼如水，只見車輛閃著刺眼的大燈來往穿梭。

或許今天很多年輕一代的台北人都忘了，連結「三重埔」通往市內「大稻埕」鬧區的台北橋，以往也曾是台北地區著名的人力市場集散地，特別是早年那些來自「下港」離鄉背井到台北討生活的「出外人」，清晨天色一亮便會不約而同聚集在台北橋下找工作。舉凡八〇年代王拓的小說《台北，台北！》（一九八五）、九〇年代葉全真主演的電影《黃袍加身》（一九九一），其劇情內容皆不外乎共同悼念著過去由台灣社會底層邁向工商都市發展的這段辛酸血淚史，而我童年印象中只依稀記得的是，當時電視（老三台時期）晚間節目曾經播出一齣閩南語連續劇《台北橋下》，由老牌喜劇諧星林偕文與康弘擔綱主演，其中的片頭主題曲是這麼唱的：

淡水河頂有台北橋，南北主要的通路

一邊叫作大稻埕，一邊叫作三重埔

台北橋頂有車來往，橋下就是太平通
百貨雜貨滿街是，牛肉麵賣大碗公
啊～～台北橋下賺吃人，大家都是出外人，做陣承擔好歹空
啊～～台北橋下賺吃人，不分熱天也入冬，等人請阮去做工

彼時位居縣市交界的台北橋由於坐擁地利之便，凡是建築工地缺人的，或戲班子裡人手不足的，工頭只要來到台北橋下吆喝一聲，待談妥條件後，一群臨時工便跟著雇主上車，載到工作的地方。等到了傍晚左右，結束一天工作疲憊不堪的工人們又再度回到台北橋下，他們不僅以此作為謀生據點，同時也在這裡進行各種消費與休閒。於是漸漸地，台北橋下最熱鬧的「太平町」（今延平北路、保安街、歸綏街地帶）附近開始聚集了許多飲食攤販，包括像是賣甘蔗、香菸、獎券、檳榔、賭香腸等。在這裡，早上工人一面尋找工作機會、一面吃檳榔或賭香腸，晚上領了工錢便能來此享用一大碗白飯高高尖出碗口的滷肉飯。至於其他有幸能夠賺得更多一些的，就邀約三五好友一同去圓環夜市「加菜」，點一盤「鯊魚煙」、「當歸豬腳」、「煙燻鵝肉」，或再來一杯保力達B配米酒犒賞自己一番。

誠如三十多年前（一九八三年台視開播）由女歌手甘奇靈主唱、曲名〈台北橋下賺吃人〉（岳勳作曲／周燕蘭作詞）的這首電視主題歌裡描述「台北橋頂有車來往，橋下就是太平通，百貨雜貨滿街是，牛肉麵賣大碗公」，尤其在演唱者本身挾有幾許江湖味、聲腔低醇渾厚而富於穿透力的磁性嗓音詮釋下，不啻道盡了昔日台北橋畔周邊地區既繁華且蒼涼、同時又滿懷庶民氣息龍蛇混雜的特殊光景。

最初由「南星音樂教室」歌手培訓班出身、剛出道時原名喚作「甘曉鳳」的她，起初唱的是國語流行歌、還曾在七〇年代「抖音歌后」秀蘭的國語電影原聲專輯《雨夜花》裡兼唱一曲〈愛要不要猶豫〉，後來才逐漸轉唱台語歌、並改了一個中性藝名叫作「甘奇靈」，整體氣質也從早期偏好溫柔婉約的女性風格開始走向相對較man的歌路。

於是乎，轉型易名之後的甘奇靈果然從此星運大展，歌聲中彷彿透著一股真實熱烈的情感久久醞釀窖香，不少聽眾相當喜歡她的聲音，感覺很有男子氣魄，翻唱他人歌曲亦頗有歷經江湖滄桑事的獨特味道。當時「麗歌唱片公司」先後替她出過《舞女》、《爸爸不要走》、《不敢對你講》、《無你也可以》（中視布袋戲「霹靂俠蹤」主題曲）等台語專輯皆廣受好評、銷路不惡。端看唱片封面上，甘奇靈一身男裝扮相瀟灑帥氣、英姿勃發，搭配她那特有「陽剛中帶點溫柔」的磁性歌聲，在當時可

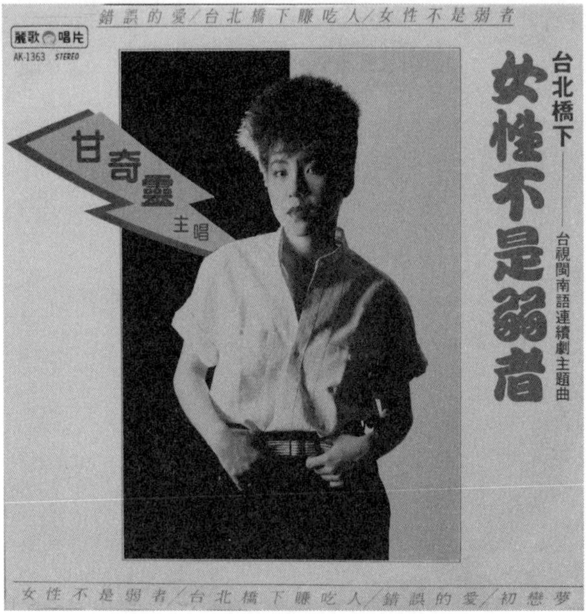

《女性不是弱者》（台北橋下──台視閩南語連續劇主題曲）專輯封面／1982年／麗歌唱片（作者收藏翻拍）

說是無人可以媲美的，故而深得大眾歌迷鍾愛，更在八〇年代唱片市場上獨自闖出屬於「中性路線」女歌手的一片天。

難忘的哀樂人間台北橋，映照著天上一輪明月與微風，遑論或晴或陰、或圓或缺，數十年來似乎未曾改變、也未曾衰老。據說當年台語歌謠作詞家葉俊麟不拘小節，最喜好到橋下的茶店喝茶、徹夜下象棋聊天，與三教九流之輩天南地北開講，而今「明華園」知名當家花旦孫翠鳳追溯幼年時也曾在此觀看父親登台演戲。從早年外鄉人北上徘徊的臨時工樂園，乃至業已消逝的大橋市場、野台歌仔戲，以及全省知名的「戲班巢穴」與「茶室」（阿公店），在那精采貧窮又飽滿的年代，台北橋不僅僅只是一座橋，它既承載了老台北人內心深處不可磨滅的歷史記憶，亦象徵著台北戰後城鄉移民身世當中那段不堪回首的過去。

基隆山之戀

——「鱸鰻」與「煙花女」的時代戀歌

訴說戀人之間的愛情，過程中往往相互鬥嘴、打情罵俏的情節絕對少不了。環顧過去近百年來台語流行歌曲的發展也自不例外，男女情愛，非但沒有隨著社會禮教與時代氛圍的保守而消失，反倒因為表面上的禁錮而使得內心嚮往之情更加澎湃，甚至於在歌曲中表現得更露骨，就算是愉情野合也敢唱。

譬如早期台灣農村流行的所謂「相褒歌」，便是當時人們在太陽下山、卸除了農事工作之餘，大伙兒茶餘飯後聚在一起即興取樂所唱的歌謠，其曲詞內容大抵不外乎處處都是男女雙方你一言我一語「虧來虧去」互開玩笑，或者抒發怨嘆、或者述說個人遭遇以為消遣解悶。

有時藉故試探愛人心跡，有時輾轉表述相思之情。

「基隆山基隆山，台北的愛人放捨我，妳是嫌阮面容歹看，也是嫌阮做艫鰻（流氓）？」悉聽此一曲名〈基隆山之戀〉的歌謠所述，當男人由於擔心會被拋棄而帶著質疑口吻向女人傾訴時，女人則是悠悠地回應：「阮無嫌你面容歹看，但是嫌你做艫鰻，有時星光有時月暗，阮要擱嫁有別人」，意即她向男方暗指這世間男子不光你一人，所以為了兩人未來共同生活的日子著想，她勸誡男人從今往後別再當流氓了。

相對地回過頭來，女人自己其實也很害怕男人是否會介意她曾經有過一段淪落風塵的不堪過往：「要按怎要按怎，阮彼的心肝的放捨我，你是嫌阮面容歹看，也是嫌阮落煙花」，而同樣看似走過不少滄桑經歷的男人亦緊接著唱道：「阮無嫌你面容歹看，但是嫌你卡貧彈（懶惰），有時星光有時月暗，阮要擱娶有別人」，意味著他只希望女人能夠忘卻過去、改掉以往鋪張懶惰的習慣，不然的話兩人就沒辦法生活在一起了。最後，到了歌曲末段，男人仍不忘稱讚女人的美貌、並趁機向對方表白心意：「鴛鴦水鴨成雙成對，愛人哪比某嘛有卡美，黑色的頭髮櫻桃嘴啊，目睭展甲這大蕊，你哪生作這呢古錐，越看越甲意，有話想要對你表示，表示真心在愛你」。

《基隆山之戀》（吳青陽主唱）專輯封面／1970年代／大三洋唱片（作者收藏翻拍）

話說昔日男女對唱之際，彼此「答嘴鼓」（鬥嘴）、一來一往，謂之「相褒」，故而這首六、七〇年代風行一時的台語老歌〈基隆山之戀〉，描述男人「做鱸鰻」（流氓）、女人「落煙花」（做酒家女），同為天涯淪落人，平日雖不免彼此鬥口，但最終仍是互不嫌棄、相知相惜，毋寧也算是另一種廣義形式的台語「褒歌」了。

想當初，這首歌原本是從德山璉[1]的經典名曲〈赤い灯青い灯〉改編得來，起先被文夏填詞作為台語歌〈紅燈青燈〉，後來又被吳青陽譜成了〈基隆山之戀〉，還找來當年演唱一曲〈水車姑娘〉初試啼聲、並以台語（天才）童星之姿正式踏入歌壇的陳淑樺，兩人合唱灌錄了一張同名黑膠曲盤。

諸如此類「日曲台唱」混血歌的產生，可說是戰後五、六〇年代期間台灣歌壇的普遍現象，早期由於缺乏版權觀念，只要哪首歌（旋律）好聽，大家都能拿來翻唱，迄今便有許多歌謠皆是採用日本演歌曲調配上國台語歌詞而成，諸如〈路邊一棵榕樹下〉（北国の春）、〈遊夜街〉（夕焼け小焼け）、〈內山姑娘要出嫁〉（ジャンス力節）、〈苦海女神龍〉（港町ブルース）、〈一支小雨傘〉（雨の中の二人）等不

01 德山璉（一九〇三—一九四二），日本昭和時代著名聲樂家（男中音）、流行歌手及電影演員。

勝枚舉。

於此，由東洋旋律「抄襲」得來的〈基隆山之戀〉固然是一種幾近原封不動的翻唱摹仿，但其中卻也不乏反映當地某些社會環境的現實寫照，比方說，根據該曲描述的基隆山其實並不在基隆，而是在九份，且於歌中對唱的男女主角也並非一般未經世事的農村青年，而是在礦區內早已飽嘗人情冷暖的流氓和酒家女。至於〈基隆山之戀〉為何要特別凸顯「流氓」此一身分角色？這無疑和故事背景所在的九份地方歷史有著深厚淵源。

須知早在清末年間，九份豐饒的金礦資源即已引起日本人覬覦，及至日人領台之初，各地逃避戰亂的義軍、流民、地痞、流氓等紛紛逃入礦區內，並藉由淘取砂金來維持生活，甚至不乏有潛伏在九份山區附近的義民們利用產金地區作為抗日基地，遂使日人必須動用軍警鎮壓。後來日本當局為了控制當地秩序，乃於一八九六年頒布「台灣礦業規則」，限定只有日本國民才可領照經營礦區，並以通過雞籠山（基隆山）頂的正南北稜線為界，劃分出金瓜石（東面）與九份地區（西面）的礦權。

有句俗諺云「九份仔天三角」，便是用來形容九份的流氓特別多，遇事不認輸，很容易和人爭執。

據說當年（日治時代）金礦產量最興盛的時候，島內各地接受僱主委託前來維持治安、最大尾的流氓，以及優秀的讀書人全都聚集在九份，等候著金礦主挖到黃金的分紅與賞賜。之後遭逢改朝換代，國民政府來台初期人心未定，致使九份附近的小偷強盜層出不窮，許多地方頭人為了保護錯綜複雜的地下礦脈資源，大多會私自蓄養一屋子的鱸鰻（流氓）做保鑣。舉例來說，當你挖到了金礦，相臨坑道的頭家或許就會想來分一杯羹，政府若是沒有能力排解，糾紛便起，這時就需要流氓就來拚輸贏。

但隨礦脈逐漸枯竭，人潮散去，那段紙醉金迷的淘金歲月早已不復返。若非親臨水金九，想必是無法深切體會〈基隆山之戀〉歌中的意味啊！

猶然記得小時候經常聽到〈基隆山之戀〉這首歌，從頭到尾似乎都是以一種那卡西的輕快節奏叮叮咚咚地響著，而除了三十多年前吳青陽與陳淑樺最早錄製的合唱版本之外，早期台語歌手如西卿、郭金發、葉啟田，晚近如秀蘭瑪雅、陳明章、鄭進一、蔡幸娟等人亦皆有翻唱錄音，甚至後來還在該曲末段出現了第二種版本，將最後兩句改唱、讓女主角賣個關子：「阮有一句細聲的話，會感動你的心肝」。至於這位「煙花女」到底心中想要對「鱸鰻」說些什麼話？就請諸位聽眾各自發揮想像吧！

橋影水色隨拉丁節奏搖擺

——吳晉淮的《碧潭假期》

多年以前，腦海中一直有段記憶是全家人一同坐在「白天鵝」船上踩踏遊湖的畫面。今朝感嘆光陰流轉、踏過數十年歲月滄桑，對照往昔湖岸旁長年矗立的吊橋彷彿長虹般始終高懸於青山綠水間，多少遊客在此留下身影、追憶過往。那裡，正是昔日曾經列名「台灣八景」之一、位居新店溪中游、「碧山環繞，潭澈擁抱」的台北老字號風景區——碧潭。

誠如早年台灣歌謠作詞家葉俊麟（一九二一—一九九八）譜寫名歌〈寶島四季謠〉悠然吟詠：「夏天時，驕陽照著碧潭邊，橋影搖來又搖去」。毫無疑問，夏季的碧潭正是一年之中最美的時節！據說過去在「碧潭」最為風光的年代，湖岸旁總是有許多攝影師在那兒招攬遊客，一對對情侶徜徉於大自然的風光裡，或牽手漫步、或划船談心，好比一九六〇年代同樣出自葉俊麟筆下、由旅日歸台歌手吳晉淮（一九一六—一九九一）唱紅的〈碧潭假期〉歌中述說：「風和日暖好天氣，好天氣，熱日頭出上天，鳥聲亂亂啼荷伊諾荷伊，頂日我有約束伊，碧潭過假期，滿面春風歡歡喜喜，景色笑微微」，乃是許多老一輩台北人成長過程中不可磨滅的浪漫回憶，甚至就連瓊瑤小說也都喜歡拿碧潭作為故事場景，劇中那一個個不食人間煙火的女主角每每頻繁出現在碧潭湖畔，抑或住在附近的高級花園宅邸，要不就是和男友負氣爭吵後獨自乘著公路局街車直奔終站碧潭，並在潭邊徘徊一夜、還走上吊橋去淋雨直到高燒昏迷……

碧潭非潭，只因「水色澄碧、平靜如潭」而得名，是為新店溪河面較寬闊的一段，分東西兩岸，有橋相連。

猶記得小時候只有趁著天氣晴朗時來到碧潭才有機會划船，只見眼前綠樹青山倒映脈脈碧波，潭中「白天鵝」遊船如白鷗臨水，泛舟者儷影雙雙。彼時八月的碧潭，就像瓊瑤小說《幸運草》所形容：「人群像螞蟻般蜂聚在四處：吊橋上、潭水中、小船上、茶棚裡，到處都是人。而新的人群仍像潮水似的湧了來。」然而，儘管其

《碧潭假期》（吳晉淮主唱）專輯封面／1968年／亞洲唱片（作者收藏翻拍）

周圍外在環境極度嘈雜如一曲〈碧潭假期〉唱道：「水邊男女雜音亂叫，鬧熱嗄嗄叫」，耽溺於碧潭橋影水色的情侶們卻始終兀自享受「划小船雙雙影照，靜靜水面搖荷伊」的兩人世界。

此情此景，當年都被葉俊麟一一捕捉寫入歌詞內，且讓文字意境隨音樂流轉，昔日這首著名的〈碧潭假期〉歌調旋律原本借自日本昭和時期作曲家吉田矢健治（一九二三—一九九八）訴說黃昏時分東京街頭景緻的〈夕焼けとんび〉（晚霞路過某處時），後來卻在島內六〇年盛行「日曲台唱」的時代浪潮底下化身成了描繪台北碧潭「雙人行過鐵線橋，鐵線橋，沿路那行那吱笑，毋管日頭燒荷伊諾荷伊，半坐半倒樹腳歇，手攬妹身腰」的戀人絮語，於是乎那一幕幕定格彷彿世外音畫的湖光山色、葉舟點點，遂從此駐留在那些紅男綠女牽起手來彼此臉頰就會泛紅的青春記憶中。

「擔來坐在遊覽船，遊覽船，妹妹併偎搭心君，潭中慢慢運荷伊諾荷伊」，悉聽曲盤裡吳晉淮操持一口溫潤聲腔在歌曲末段娓娓唱來：「船在水邊佇歇睏，談情笑吱吱，毋驚趕船啥款議論，天清無烏雲」，想當年這首〈碧潭假期〉最教人著迷之處，除了歌詞字裡行間串連起一幅幅寫實的音景圖像外，毋寧更少不了主唱者吳晉淮融合台灣本土情懷、日本演歌以及南美拉丁樂風的獨特歌聲演繹。

自幼生長於台南縣柳營鄉、早年負笈日本歌謠學院畢業的吳晉淮，最初以「矢口幸男」為藝名，巡迴日本各地劇院進行演出，所到之處深受觀眾喜愛，他的作曲老師古賀正男（一九〇四—一九七八）、服部良一（一九〇七—一九九三）也都對他讚不絕口並寄予厚望。二十六歲那年（一九四七），吳晉淮與日籍音樂友人佐野博、條原寬合組「拉丁三人合唱團」，由於他既能上台演唱又會編曲自寫套譜，故而在日本演歌界頗有盛名。後來他把日文原曲〈夕焼けとんび〉包括鋼琴、弦樂、電風琴、笛子，變音小號、打擊樂器及貝斯在內的多樣配器予以簡化，改編成為〈碧潭假期〉，曲中以銅管樂隊為主體搭配貝斯和打擊樂器，仿造出古巴「頌樂」（son）隨節奏搖擺活潑俏皮的舞蹈音樂風格。

追想上世紀五、六〇年代左右，正是古巴樂人逐漸向世界散播拉丁美洲歌韻種子的潮流期，包括一九五三年在台灣首創「鼓霸樂隊」的謝騰輝方纔開始摸索、認真揣練哈瓦那俱樂部的大樂隊形制，而早年文夏、吳晉淮一度演唱灌錄過許多台語歌謠亦曾受到拉丁樂風影響，甚至像廣播流行歌中常見〈Guajila Guantanamera〉（關達拉美拉）這樣易於朗朗上口的曲子當時在台北也都非常普遍。

吳晉淮《碧潭假期》曲盤圓標／1968年／亞洲唱片
（作者收藏翻拍）

興許是歷史的機緣巧合，當年古巴音樂和台語歌謠都曾共同經歷過一段被專制政權打壓而致沉寂沒落的黯淡歲月。想當初（一九五七）闊別家鄉多年的吳晉淮藉由返台奔喪的機會首次回到故鄉台灣，之後隨即和友人到南部觀光勝地關仔嶺旅遊而譜出一闕〈關仔嶺之戀〉聲名大噪，接著又發表〈暗淡的月〉同樣造成轟動，自此奠定他在台灣歌謠界的經典地位。然而六〇年代中期吳晉淮在忠孝西路上開設「吳晉淮音樂研習社」培育出早期歌壇新星如郭金發、蔡一紅、陳芬蘭、蕭麗珠、陽光、良山等，隨之卻面臨國民黨政府刻意箝制台語歌謠的年代，導致研習社於一九七一年停辦。為了謀求生計，吳晉淮只好轉業投資位於台南鹽水的大新印刷公司，直到八〇年代吳晉淮為女弟子黃乙玲復出創作，這才再度開啟他個人音樂生涯另一事業高峰。

儘管每個時代總是不乏出現有衛道（權威）人士誓言封殺所謂「靡靡之音」的流行歌樂，但事實上卻沒有人能夠真正阻擋美妙音樂的流傳。此處唯有歌聲令人無限懷想，永遠的〈碧潭假期〉！每當一回回聆聽銅管樂器吹奏那段貫穿歌曲的熟悉樂句「33 35 66 65｜33 35 666｜」間奏響起，你會發現它距離我們其實並不是那麼遙遠。

一口道盡千古事、十指弄成百萬兵

如我這輩，甚至更早之前的上一代，幾乎絕大多數台灣人都有一個看布袋戲長大的童年。

據聞早期布袋戲風行的時代，「大人穿衫擱舉椅，囝仔食糖真歡喜，好人贏，歹人死，大家看甲足歡喜」！想起小時候，老家附近的廟口在有重要慶典時，也常會有各種野台戲的表演，當時的野台戲主要是布袋戲與歌仔戲，小男生對花旦唱腔一無興趣，因此最吸引我的往往還是布袋戲。

後來隨著電視媒介日漸普及、野台布袋戲走向沒落，取而代之的，從螢幕裡初次學會那一句朗朗上口的「金光閃閃，瑞氣千條，轟動武林，驚動萬教」，便成了我這一代台灣囝仔接觸布袋戲印象最深刻的集體記憶。

話說民國五十九年（一九七〇）三月，黃俊雄台語布袋戲代表作《雲州大儒俠史艷文》首度登上電視，上述予人印象深刻的這句台詞便屬劇中大反派主角——萬惡罪魁「藏鏡人」每回出場時必說的開場白。而一提起這齣堪稱台灣人共同記憶的布袋戲，據說每到了該節目播出時段，左鄰右舍都會紛紛趕忙守候在電視機前，造成全台用電量瞬間激增、電壓下降的情況，遂使當年創下了「連播五百八十三集」、「收視率平均超過九十個百分點」的傳奇紀錄，迄今仍無有其它節目能望其項背。依稀記得彼時甚至有報紙曾經報導：某學校考試場合，歷史考卷問答題曰「民族英雄」一欄竟有人填上「史艷文」，實在是好入戲呀！

相傳《雲州大儒俠史艷文》一劇原為黃海岱編自清代章回小說《野叟曝言》，內容主要敘述十六世紀明代良將文素臣領兵征伐東倭海寇的故事，起初掛名「忠勇孝義傳」在野台戲演出，之後再由其子黃俊雄加以發揮並推上電視銀幕，且因黃俊雄本人說得一口流利道地的台語口白、並不時於劇中穿插了生動的俚俗笑話與口頭禪，故此長期深受觀眾喜愛。記得以前還聽過他讓史艷文用台語讀文言文的〈出師表〉，那聲音語調抑揚頓挫之美，委實堪稱最「正港」的優雅台語文。

《相思燈風雨斷腸人》（台視布袋戲——大儒俠史艷文全部插曲）第一集專輯封面／1971年／海山唱片（作者收藏翻拍）

除此之外，昔日《雲州大儒俠》不唯劇情緊湊、口白生動，就連劇中幾位耳熟能詳的人物配角也都各個栩栩如生、性格鮮明，其中包括老謀深算的劉三、膽小怕事的蓑尾道人秦假仙、迷糊健忘的神醫魔琴怪老子、其貌不揚的駝背奇人祕雕、滿嘴暴牙而憨厚直率的哈嘜二齒等。興許由於這些戲偶明星講起話來頗為幽默風趣、並且深具娛樂效果，所以不僅很快便教一般觀眾習於琅琅上口，更讓當年許多小學生都忍不住要學二齒仔說話不停結巴：「哈嘜、哈嘜」，或是秦假仙「死道友不死貧道」、怪老子「到這你才知」等口頭禪名言，如今這些廣為流傳的台語詞彙無疑已屬那一代台灣人不可或缺的重要生命印記。

時值一九七〇至一九八〇年代期間，隨著電視台節目的開播，亦相繼帶動了電視布袋戲在台灣的蓬勃發展。此時黃俊雄除了在畫面上延續所謂「金光布袋戲」的華麗效果之外，音效、配樂且同時扮演了非常重要的角色，於是他便開始將日本和西洋流行歌曲加入布袋戲中，更別出心裁替劇中戲偶主角創作專屬歌曲，例如史艷文的出場音樂便是使用〈出埃及記〉填詞作成的歌，而另一首當年紅透半邊天的〈苦海女神龍〉則是改編自日本演歌巨星森進一的〈港町ブルース〉，至於其它同一時期蔚為風行的布袋戲台語歌主要還有尤雅主唱〈愛與恨〉、黃西田主唱〈醉彌勒〉、葉啟田主唱

〈冷霜子〉等。當時諸如此類的演出創舉無疑十分受到觀眾歡迎，這些歌曲每每於劇中仿如「畫龍點睛」般突顯出各個不同角色的性格特徵，並且深刻反映著現實生活和人性，許多經典歌曲甚至在該齣布袋戲停演之後也依舊流傳甚廣、迄今傳唱不輟。

有趣的是，從小並未曾接受過完整音樂訓練的黃俊雄，卻能夠憑著對音樂的直覺以及自身的文學素養，創造出許多膾炙人口的布袋戲歌曲，譬如〈憶無情〉、〈孤單老人〉、〈凍露水〉、〈秘中秘〉等曲子，皆是他自己作詞並擔綱演唱。

「無情的太陽，可恨的沙漠，迫阮滿身的汗流甲濕糊糊。拖著沉重的腳步，要走千里路途，阮為何、為何淪落江湖？為何命這薄……」臆想當初這首翻唱的台語歌曲原名〈為何命如此〉，後來只因它作為布袋戲主角「苦海女神龍」的出場主題歌實在太紅了，人們乾脆就把曲名改稱〈苦海女神龍〉。民國五十九年（一九七〇），十七歲自歌唱比賽脫穎而出的邱蘭芬首度在巨世唱片公司灌錄《苦海女神龍》一曲風靡全台，從此踏入台語歌壇打響知名度，甚至紅遍東南亞。

另外，黃俊雄的妻子西卿，則有「布袋戲歌后」之稱。自幼出身於雲林古坑家中務農的她，唱起歌來總是在高亢嘹亮的嗓音當中帶有一股沉鬱的滄桑味，早年曾隨賣藥團從事江湖走唱，接著進入海山唱片，其專擅演歌派的唱法每每充滿了感染力、直

《恨我苦命》（台視布袋戲——大儒俠史艷文全部插曲）第二集專輯封面／1971年／海山唱片（作者收藏翻拍）

教人蕩氣迴腸，且無論是慷慨激昂或者哀感抒情的歌曲皆能詮釋得恰到好處。她曾表示，當時由於唱片的銷售成績不佳，自己個性又內向，一心只想回到南部，後來有朋友向她詢問對「唱布袋戲歌」有無興趣，因覺得不錯，便前去試音。當時黃俊雄是主考官，西卿和其他兩位應考人在一間咖啡廳裡拉開嗓子就唱，後來西卿被錄取。從此西卿便跟著黃俊雄的戲班到處走唱、進軍電視，並以一曲〈可憐的酒家女〉紅遍大街小巷。

當時，國民黨政府為推行國語政策，乃從一九六九年起逐步限制台語歌曲在電視上播出次數與時間，致使剝奪了許多台語歌手的發表舞台，而這時恰逢開播的黃俊雄電視布袋戲即成為了最佳替代宣傳管道。往後但隨著新時代物質生活的來臨，台灣民間正由農業社會轉型為工商業社會，過去傳統的娛樂方式已然無法滿足感官需求，起而代之的是深具聲光效果的電影與電視，因此當年這些藝師們便也毅然選擇了迎合時代脈動的方式來延續布袋戲的生命。據估計，黃俊雄早年光是發行布袋戲歌曲黑膠唱片就超過一百多張，就連米粉、藥酒、餅乾、球鞋等廣告插曲都得要結合布袋戲角色代言才能暢銷，足見其當時風靡的程度。

尋聲記

輯三

昨日歌

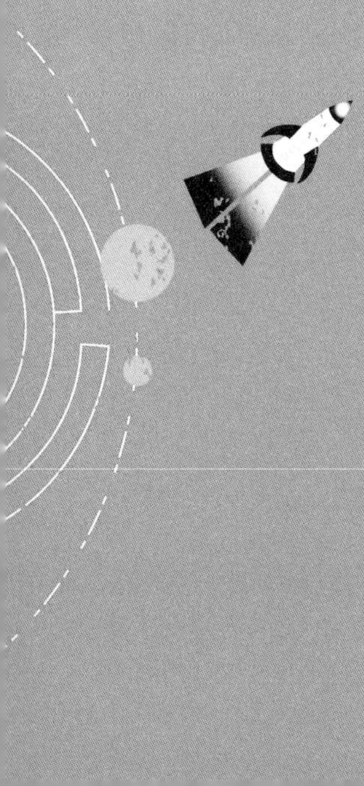

思念青春飄揚的歌聲越飛越高

「因為我不在乎別人怎麼說，我從來沒有忘記我，對自己的承諾，對愛的執著，我知道我的未來不是夢，我認真地過每一分鐘，我的未來不是夢，我的心跟著希望在動……」每到仲夏六月鳳凰花季，多少畢業生又即將踏出校門徘徊於往後未知的人生路口，如是告別青春卻又帶有分道揚鑣的感傷氛圍，總讓我不禁想起已故歌手張雨生（一九六六—一九九七）當年剛出道時以他特有高亢嘹亮、宛如石破天驚的純淨嗓音激昂地唱著〈我的未來不是夢〉。

對照於今時今日，尤其當許多年輕學子心中所謂的「夢想」和「未來」早已被眼前追求金錢地位的功利價值觀全盤收編（比方會有學校請來某企業老闆告訴你假如畢業三年後仍賺不到月薪五萬，是「自己能力有問題」），甚至不乏有自家員工因不堪血汗剝削而頻頻抗爭或跳樓的資本家企業主，大肆批評年輕人要是沒按照他們所認定這些社會規則去做便是「沒有志氣」、是「爛草莓族」，面臨諸如此類表面上看不見卻又幾乎無處不在的種種壓抑及指控，毋寧更教這一代青春年華的慘綠時光不堪回首！

因此，我每每愈加地珍惜、還有機會能夠聽到像〈我的未來不是夢〉這樣的歌，似乎便要透過那份激昂之聲告訴自己，追求功利本身並不是我們人生的目的，彷彿同時更激勵著我們即便遭遇挫折也要繼續向前走。而這首歌，最初乃誕生於島內解除戒嚴後的頭一年（一九八八），彼時亦為台灣經濟快速發展、民間社會紛紛思潮湧動最具活力的年代，原本〈我的未來不是夢〉單純只是宣傳黑松沙士飲料的一則電視廣告曲，豈料播出後不僅成功地促銷了該系列商品熱賣，甫出歌壇的新人張雨生也自此一夕成名，隨之旋即發行了他首張個人專輯《天天想你》，裡頭幾首代表曲目如〈我的陽光我的風〉、〈和天一樣高〉、〈沒有不可能的事〉等，歌詞大多簡單易懂、旋律清新、往往令人不自覺朗朗上口，猶記得當時身邊仍可聽見周遭國中同儕男女之間不時青澀地唱著「天天守住一顆心，把我最好的愛留給你」。

那年他二十二歲，方就讀於政大外交系三年級，自云小時候因在某個梅雨天季節出生而喚名「雨生」，外表內向羞澀的他，看起來活脫就像是典型純樸的鄰家大男孩，一口略帶特色童聲的高音宛如在天空之海漂浪遊蕩，極其透明純淨、動人心魄。

一九八九年，在這即將迎來時代轉折驟變、那時台灣影劇圈也還沒有所謂「香港四大天王」的年代，由八〇年台灣歌壇最當紅的一群新生代偶像歌手聯合主演的熱血青春片《七匹狼》電影上映了。「年輕的淚水不會白流，痛苦和驕傲，這一生都要擁有……永遠不回頭，不管天有多高，憂傷和寂寞，感動和快樂，都在我心中……」讓我印象最深的，影片中最後有一幕安排演唱會的戲碼，是由王傑和張雨生領銜的七位電影主角歌手一列排開、在舞台上共同演唱這首經典主題曲〈永遠不回頭〉，那份伴隨著炙熱歌聲一路狂飆、接連引發青春萌動年少輕狂的共鳴感至今依然永誌難忘，後來甚至在九把刀執導的二〇一一年熱門國片《那些年，我們一起追的女孩》原聲帶中亦有重新翻唱這首歌。

於是就在電影《七匹狼》席捲一陣流行狂潮之際，張雨生很快也發行了第二張專輯唱片《想念我》，此為他即將告別學生時代的臨別之歌。那一年夏天，張雨生隨即從政大畢業、準備入伍當兵，而我也將要告別國小生活、邁入中學時代。然而眾人都料想不到的是，那年暑假前夕竟然發生了撼動國際的「六四天安門事件」，過程中除了讓我被迫反覆聆聽——深深記住了〈歷史的傷口〉這首歌之外，還有就是當時張雨生替大陸學運

《想念我》專輯封面／1989年／飛碟唱片（作者收藏翻拍）

《七匹狼》錄音帶封面／飛碟唱片／1988年（作者收藏翻拍）

領袖王丹的新詩作譜曲、收錄在《想念我》專輯裡的那首〈沒有菸抽的日子〉。

假使每種聲音都有專屬於自己的顏色。

回想當年我還依稀記得的是，在那個年代的王子麵在雜貨店一包才賣三塊錢，而一百元鈔票似乎仍有綠色的，走在路邊的小男生小女生隨便都能哼上一兩句「小虎隊」的歌，並且也都幾乎看過「好小子」的電影，以及每天中午播出的《天天開心》。儘管迄今為止，但凡想起昔日這些歷經歲月洗塵的童年記憶絕大多數已經有些模模糊糊，可卻唯有張雨生的歌聲始終就像青春往事當中最明亮的天空藍！彷彿平靜的夜空中閃過一道驚鴻，給那些孜孜不倦追求自我夢想的人們帶來了一抹亮色，於此他更把對生命的滿腔熱忱、對這現實世界不完美的殷切期盼唱進許多聽眾的心坎深處。

「如果大海能夠喚回曾經的愛，就讓我用一生等待，如果深情往事你已不再留戀，就讓它隨風飄遠……」自幼即在澎湖老家出生成長的張雨生坦言，每回當他站在舞台上演唱到忘情的瞬間，眼前總會浮現一片藍，就像童年時面對那一望無際的大海，波濤洶湧、浪花滔滔，在那樣的情境底下，彷彿就會有一種想要吶喊、忍不住對著海浪大聲唱和的衝動。對此，張雨生表示：「似乎在海邊長大的小孩特別會唱歌。」

差不多也就是在這段期間（八〇年代末—九〇年代初），以往常聽黑膠唱片的人口開始明顯急遽銳減，由於早期類比錄音形式的黑膠曲盤在市面上已逐漸慢慢被淘汰，取而代之的是數位錄製的CD唱片，一般年輕人窮學生則是普遍青睞於價格更為低廉、且方便攜帶上街的Walkman錄音帶隨身聽。因此當初有很多張雨生的歌我其實都是從錄音帶聽來的，有些後來還補買了CD，至於他（張雨生）最早於黑膠時代發行的那幾張前期作品錄音並不多見，如今在二手唱片拍賣市場上卻已然是一片難求、有行無市的罕見珍品了。

歷數往後的日子，張雨生不斷嘗試各種實驗曲風、持續出版個人創作專輯——包括《帶我去月球》、《一天到晚游泳的魚》、《卡拉OK．台北．我》、《還是朋友》等唱片，儘管其中有些歌曲一開始並不如他早期作品很快受到市場歡迎，但張雨生時時渴求變化與創新自由的初衷卻自始未變，直到他後來因車禍意外喪生的翌年（一九九八），他的最後一張專輯《口是心非》獲得該年度（第九屆）金曲獎最佳流行唱片獎，那年由陶喆獲最佳新人獎。

「淡水河，我的愛戀流向淡水河，我的情思化入淡水河，柔柔依偎在暖影身側，洶湧奔流往海天交合……」在他生命歷程的最後兩年間，張雨生來到了淡水鎮沙崙一地定居，當他面臨情緒低潮時總會從其住處眺望淡水河岸出海口和遠方的觀音山麓，藉由觀看流水潺潺不歇、日出日落而得到了撫慰，並寫下了這首鍾愛之歌〈淡水河〉。

日前，聽聞媒體報導新北市政府將於八里和淡水之間的河口興建「淡江大橋」環評一案闖關成功，預計最快六年後完工通車，其影響所及，往昔歌中所描繪「淡水夕照」的美麗景觀原貌或許將不復續存，可想見在不久的未來，人們似乎也只能從這美麗的歌聲想像裡徒留下些許鄉愁的遺憾了。

唯在松林間潛聲清唱

——任祥的新民歌

記憶中，總有一些深刻的歌聲令你印在腦裡、坎在心底，直到往後某個偶然的日子裡，當你久別重逢一段熟悉的歌聲旋律迴繞耳邊，那深埋於記憶細微處的溫暖舊夢又將再度被喚醒……

回想國中時念的是升學班，每月每週反覆不斷地讀書復考試、考試復讀書，茲以追逐「書中自有黃金屋」是也。然而回首前塵，許許多多過去課堂上強迫背誦與應付考試的種種畫面，如今幾乎都已記不清了，唯獨有些出乎意料之外的日常小事反倒很難忘卻。

話說當年教我們國文的女老師有一回講到了南宋詩人陸游的〈釵頭鳳〉，沒想到她說著說著逐漸忍不住微微紅了鼻頭，甚至隱約搭上了曲調、逐字逐句開始哼唱，記得那天她還特別帶來了一台卡式錄音播放機，隨著啟動磁帶盤捲流轉間，便聽聞一陣陣吉他伴奏吟唱的清新女聲、柔情似水悠悠傳來：「紅酥手，黃縢酒，滿城春色宮牆柳；東風惡，歡情薄，一懷愁緒，幾年離索。錯！錯！錯！」乍想平日上課神色冷淡不苟言笑的女老師難得如此放鬆姿態，不僅自己唱得感傷悲懷，還讓我們也要一起「入戲」跟著唱和：「春如舊，人空瘦，淚痕紅浥鮫綃透；桃花落，閑池閣；山盟雖在，錦書難託。莫！莫！莫！」此處相當耐人尋味的，儘管這闋〈釵頭鳳〉詞句本身訴說的是陸游重遊昔日相戀舊地、感慨他和青梅竹馬表妹唐婉兩人本該廝守卻仳離的惆悵心境，故而彼此在園林粉牆上先後題詞互表心跡，但在這當時播放的歌聲之中卻儼然透著一股清甜而不膩、靈動而不脫世的味道，十足溫暖人心。

自從那天之後，不覺已過了一、二十年，彼時這段因緣巧逢的歌聲記憶每每回想起來仍教人深植心弦。而更妙的是，當時的我竟然始終沒有注意（更沒想到去詢問）錄音裡一口恬淡嗓音演唱〈釵頭鳳〉的女歌者到底是誰。

直到有一天，我逛福和橋下跳蚤市場時，不經意從舊貨小販手上接過一張貌似七〇年代晚期台灣民歌時代的黑膠唱片，封面只見一名身穿「世新」校服、樣貌清純嬌羞的女孩子，封底則是她另一張坐在海岸邊、懷抱著吉他展露甜美歡顏的個人照，上面大大寫著一個對我而言有點陌生的名字——「任祥」。

觀諸這張被冠以《唱啊，新民歌》為名的專輯裡，總共收錄了十一首歌曲，其中有將近半數是英文歌，包括七〇年代美國民謠天后瓊拜雅（Joan Baez）的成名曲〈Diamonds and Rust〉（鑽石與鐵銹）、加拿大歌手保羅安卡（Paul Anka）的〈Do I Love You〉（我愛你嗎）、美國搖滾吉他手丹尼威登（Danny Whitten）的〈I Don't Want To Talk About It〉（無心談論），以及英國流行樂壇偶像吉米奧斯蒙（Jimmy Osmond）的〈Mother Of Mine〉（我的媽媽）等，而這些歌幾乎都是早年民歌時期（上世紀七、八〇年代）台灣各大專校園學子耳熟能詳的西洋歌曲。彼時經常只要美國樂壇一流行什麼，隨即台灣也就很快跟著流行。

除此之外，我赫然發現昔日似曾相識的〈釵頭鳳〉竟也羅列其間！隨之，待我蒐購入手拿回家一聽，果然在唱片裡的水靈女子抱著一把吉他自彈自唱陸游古詞填入曲調的這首歌，原來就是當初課堂上所聽的吟唱女聲（正所謂「念念不忘必有回響」！）。

根據唱片內附文案所述，這是她（任祥）的第一張個人專輯。由早年著名音

上：任祥《唱啊，新民歌》專輯封面／1978年／民間唱片（作者收藏翻拍）

下：任祥《唱啊，新民歌》專輯曲盤圓標／1978年／民間唱片（作者收藏翻拍）

任祥

任祥
民間唱片670601
Side 2
2. 小白菜
3. Diamonds And Rust
4. Do I Love You
5. 雨

樂主持人陶曉清執筆寫了一篇短文簡介，約略說她「從小沒有吃過苦，順順利利的在父母兄長的照顧下成長，像溫室中的花朵，由於對音樂的喜好，高中聯考一考完，她就買了把吉他，自己彈彈唱唱，倒也很怡然自得……」，特別是在這一張唱片裡，聆聽任祥的歌真切是恰如其人，委實就有一種輕柔恬靜、淡淡的感覺。

學生時代就讀「世界新聞專科學校」報業行政科，從十六歲起便嘗試將〈釵頭鳳〉和〈小白菜〉這些傳統古調彈撥成現代民歌、並且深深唱進年輕人的心坎裡，十九歲時即以灌錄首張唱片在台北民歌界闖出名號，其嗓音如銀鈴，於清純的歌聲中透著一股天真無邪、沒有太多修飾的任祥，卻是自幼出身一個不平凡的家庭。

母親顧正秋乃是當年轟動菊壇和政壇的一代京劇名伶，早年台灣好些達官貴人（包括蔣經國）都是她的戲迷，而父親任顯群則是在任內推行統一發票與愛國獎券的前台灣省政府財政廳長。坊間傳聞，當時蔣經國曾一度戀慕顧正秋，但最後卻由任顯群如願娶得佳人歸，兩人才結婚不久，任顯群隨即因「對匪諜知情不報」的罪名入獄（一九五五）。兩年半後任顯群出獄，在國民黨當局告知他「不可在鬧市行走」、「不可在公共場合露面」、「不可在台北市區做生意」的考量下，任顯群便帶著顧正秋和孩子們來到荒涼的金山農場，住在一間茅草屋中，平日以種植草莓、生產果醬來維持生計。

任祥《唱啊，新民歌》專輯封底／1978年／民間唱片
（作者收藏翻拍）

任祥當年（一九五九）就是在這座山間茅屋出生，並且在此地度過了她的童年時光，直到念小學時才搬到台北市區。

「稀疏竹籬圈著了滿園的溫馨，殘瓦留住兒時歡笑」，這些年每遇慨嘆人生際遇無常時，我尤其鍾愛傾聽任祥在專輯裡天真純樸地哼唱著這首〈懷念老屋〉：「斑駁的板牆記下度過的時光，只有門前老榕知道，懷念～那在懷念中的老屋，那有我的從前，那兒有我的幻夢，懷念的老屋」。據聞當年住在金山農場十多甲的山地、只住著任祥一戶人家，且房子不通水電，他們吃的是自己種的菜，喝的是明礬處理過的溪水。

於今回看往昔那段「流放」山村幽居的日子，任祥表示：「經營農場很艱辛，居住環境更是簡陋，但我們卻都過得很快樂」，而這份快樂毋寧來自於與大自然為伴。「每天吃過早飯，只要不下雨，我就跟著二哥和堂哥跑出去，看工人種草莓，除草，摘草莓。」任祥回憶：「或到溪邊丟石頭、玩水。不然就在門前跳繩，跳房子，拍皮球，或把門前的七棵榕樹當馬騎。」[1]

01　任祥，〈讀我母親〉，《中國時報》民國八十六年十一月五日。

清貧的農場生活期間，任祥偌大程度上深受母親顧正秋在美感教育的影響，平時言談舉止都被要求有禮數，小時候連穿拖鞋走出聲音都要挨打。或許也因為從小沒跟母親分開過，她特別喜歡沈呂遂根據劉半農詞譜成的〈雨〉，在這首曲子裡她可以好幾次放聲大叫「媽」！另在灌錄〈小白菜〉時據說她也是好幾次唱得淚眼汪汪，因她想起了父親在三年前已離開她，於是愈唱愈傷心，一首〈小白菜〉往往令聽者不自禁地跟著心酸。

回憶起早昔唱歌的日子，曾有專業評論者說她歌唱「技藝不精」、「吉他變化很單調」等評語，但任祥本人卻始終不以為忤，她說與其視她為民歌手，不妨當她只是個愛唱歌的女孩，喜歡抱著吉他在松林間潛聲清唱，而歌聲裡那份未經風霜的稚氣和熱情倒也總是能引來眾人青睞與祝福，一如母親當初為她取的單名——一切吉「祥」。

到底君王負舊盟，江山情重美人輕

近來根據中國言情作家流瀲紫同名小說改編拍攝的《後宮——甄嬛傳》冒然掀起新一波歷史「宮廷劇」熱潮席捲台灣，不僅於各家網路頻道及有線電視台反覆重播、才下檔又再重播，就連劇中人物所云「賤人就是矯情」、「再冷，也不該拿別人的血來暖自己」等經典台詞，也都成了時下媒體廣告橋段、綜藝節目，乃至職場教戰、商業雜誌裡人人幾乎朗朗上口的流行語錄。

離不開傳統封建社會帝王后妃爭奪權力慾望的通俗情節，《後宮——甄嬛傳》述說的仍是被應召囿於大內宮廷「修成玉顏色，賣與帝王家」女人們之命運。且看男人在檯面上爭天下、女人在後宮爭寵，無疑均是這類故事最富戲劇張力的共同聚焦處。

而巧妙的是，觀覽這齣戲裡的女主角甄嬛在入宮之初便集皇帝寵愛於一身，又賜浴湯泉宮，還在皇家宴席上表演驚鴻舞等似曾相識的故事場景，則是不禁令我回想起小時候曾有一段時日固定每晚收看華視八點檔播出、由早期知名女星馮寶寶擔綱主演的《楊貴妃》。

「是誰的笑容，讓百花失色，以傾國之姿，撩動唐朝的風雲，將明皇的心，留在芙蓉帳裡，讓暖暖春意深深印在金鑾……」猶記得彼時每回節目一開場便是這麼一陣纏綿悱惻的人間美聲從螢光幕前娓娓傳來：「楊貴妃啊楊貴妃，千年的歲月，潤飾了你的嬌豔，歷史的筆墨無意揮灑，卻是纏綿愛情故事傳揚千古，難道美麗也是一種錯誤……縱使夢裡能再相見，無奈天長地久有時盡，此恨綿綿無絕期……」想當年由「中國娃娃」[1]蔡幸娟主唱劇中的這首同名主題曲〈楊貴妃〉，其以古詩詞入歌的繞樑餘韻直到如今仍在腦海中留有鮮明的印象。

---

01 一九八四年蔡幸娟加盟「光美唱片公司」，推出「中國娃娃」專輯，並被中視收用為單元劇《春回》的主題曲，該曲將蔡幸娟的歌唱事業推向了高峰，從此「中國娃娃」便成了蔡幸娟的獨家金字招牌。

《楊貴妃》（蔡幸娟主唱）專輯封面／1986年／光美唱片
（作者收藏翻拍）

那年她二十歲，來自故鄉台南，長相甜美、姿態綽約，早昔（年僅十四歲）即從西餐廳走唱，以至灌唱片出道歌壇磨練多時的歌唱技藝已臻成熟，歌喉也正當清麗嘹亮，彷彿一縷磅礴剛勁繞指柔，尤能在高處轉音迴盪如空谷鶯鳴，特別擅長演繹中國古典風味的小調歌曲，遂有大批忠實歌迷譽為「東方雲雀」、「小鄧麗君」、「中國娃娃」等美稱。

話說一九八六年二、三月間，台視與華視同時推出八點檔古裝大劇《楊貴妃》，兩家電視台分別找來紅透港台的演技派女星湯蘭花和馮寶寶粉墨登場，重現這位曾在晚唐詩人白居易筆下驚嘆「回眸一笑百媚生」的唐朝美人，由於雙方都是卯足了成本耗費鉅資製作，故而旋即引發了同樣上演「女人爭寵」的一場收視率戰爭。記憶中，我對湯蘭花、馮寶寶在戲裡扮演的楊貴妃之姿早已無甚印象，唯獨當年由「光美唱片公司」發行、作曲家黃石譜曲、蔡幸娟演唱的《楊貴妃》原聲帶主打歌所感受「思古情而懷今憶」的歌中情景依舊清晰，如是柔情似水、甜美婉約之聲不斷縈繞腦際、教人難以忘懷，當然也更少不了那搭配絲竹弦管、戛玉鏘金的背景音樂，每每於曲調流轉之間融合了琵琶、古箏、二胡、笙和把烏等中西樂共十八般樂器層層相疊，嘈嘈切切大珠小珠落玉盤，著實甘醇悅耳耐聽極了！

《楊貴妃》專輯封底／1986年／光美唱片
（作者收藏翻拍）

還記得這張《楊貴妃》專輯甫一推出時，即在張小燕主持的綜藝節目裡的流行樂排行榜蟬聯榜首達數週之久，當時正好恰是黑膠唱片業已式微、CD媒介尚未普及、而大多只有聽錄音帶的年代，很多班上（國中）女同學們幾乎人手一卷。那些年台灣歌壇也開始陸續吹起了一陣古典「中國風」，作曲家們紛紛時興把古詩詞融入現代流行歌曲旋律當中，於此獲得不少好評，包括像是鄧麗君的《淡淡幽情》（一九八三）、蔡幸娟的《楊貴妃》（一九八六）等皆為箇中經典。

尤其悉聽《楊貴妃》專輯裡一整套歌曲佳句紛陳、歌遏行雲——諸如「天生麗質難自棄」、「梨花一枝春帶雨」、「芙蓉帳暖度春宵」、「仙樂風飄處處聞」、「七月七日長生殿，夜半無人私語時」、「春宵苦短日高起，從此君王不早朝」、「在天願作比翼鳥，在地願為連理枝」等，簡直就是唐代大詩人白居易〈長恨歌〉化身而成的現代版詠嘆調，除了開頭一首〈楊貴妃〉和摘自李白詩作的〈採蓮曲〉、以及一曲純器樂演奏的〈宮庭宴舞〉之外，其它共有九首歌詞內容均擷取自〈長恨歌〉裡通篇一百二十八句、合計八百四十字的詩句橋段。於此透過蔡幸娟的歌聲演繹出來，既有小調的婉約，又有如黃梅調的典雅。而我當年亦因歌曲本身兼具古典情懷和通俗魅力、頗易於口耳傳唱之所賜，憶及中學時期的國文課竟也曾經能將

〈長恨歌〉這闕長詩誦念得朗朗上口。

據史家記載，楊玉環（貴妃）有三美：「姿態豐腴」、「善歌舞，通音律」、「白皙如凝脂」，故有「伸手笑雪黑」之說。天寶十四年（西元七五五年）十一月，安祿山以討楊國忠為名，行奪取皇位之實，起兵反叛。不到一年的時間，叛軍便逼近長安。於是玄宗倉皇入川，途經馬嵬驛時（今陝西省興平縣西），軍隊嘩變，逼玄宗誅楊國忠，賜楊貴妃自盡，時年三十八歲。

絕色美人終是香消玉殞。

相較於《後宮——甄嬛傳》裡眾妃嬪間無休無止的明爭暗鬥，同為幽居深宮禁苑的楊貴妃顯然生前對於權力政治本身並無絲毫的野心和企圖，她既沒有華妃為得專寵不擇手段的陰狠跋扈，也沒有甄嬛屢從谷底翻身、爾後成為一朝太后的那份城府及權謀，可卻有著彼此宿命相繫的最大共同點——乃是她們最終都敗給了愛情，錯估了帝王天性涼薄、錯生了時代。

對此，清代文人袁枚寫得極透徹：「到底君王負前盟，江山情重美人輕，玉環領略夫妻味，從此人間不再生。」伴隨著時光流轉，關於楊貴妃之死的種種鄉野傳說也益發甚囂塵上，有說她血濺馬嵬驛、歿於亂軍之中，也有說她根本沒死、而是逃亡東渡日本[2]。

諸多的是非幽怨、餘音嬝繞，蔡幸娟的悠揚歌聲不惟唱得令人夢牽魂繫，更將無數聽眾的心，以及千百年來那些同樣愛得那麼絕望的女子，全都給緊緊地繫在這曲銘心刻骨的淒美歌調裡。

---

02 據聞今位在日本山口縣油谷町的二尊院內建有一座楊貴妃墓，以及家喻戶曉的影星山口百惠也曾自稱是楊貴妃後代。

難遣人間未了情

——「反共義士」李顯斌與張美雲的歲月留聲

童年其實很短，記憶也往往瑣碎、片段。

每一代人都有屬於自己青春記憶的歌，曲盤裡雋刻著歌者一道又一道的音軌留聲，無疑乃是對過去腦海中殘留印象的細節補充，從而為重新認識那個時代，提供了予人思念的線索和寄託。

時光荏苒、歲月匆匆，驀然回首卻發現自己曾經有過的年少記憶頓時成了充滿荒謬與謊言的童年史，例如：小時候學校舉辦作文和演講比賽不管什麼題目，最後都必須要琅琅上口以「消滅萬惡共匪，拯救大陸同胞」、「三民主義統一中國」等口號做結尾，寫作文提到「總統」時記得前面一定要空格，國小課本內容總是不斷強調大陸同胞長期都活在「水深火熱」底下啃著樹皮，看電視只有三家電視台可以選擇，台語節目每天限播時數與時段，國語歌曲不是風花雪月就是反共八股，新聞報導三不五時就有「反共義士」駕機來台投奔自由，不但可領黃金還能上綜藝節目，甚至還編寫成愛國歌劇出了唱片！

「李顯斌的故事」——眼前這張黑膠唱片封面標題如是寫道，旁邊則有一排說明文字註記「新文藝歌劇　歌曲選集」、「憲光藝工隊全體隊員演唱」等字樣，隨片且附有一小冊歌詞解說資料，而觀其封面設計竟出自早期「文壇社」名編朱嘯秋之手！猶記得那天清早，我從橋下小販攤位一落落沾滿灰塵的曲盤舊貨堆裡發現了它，一時之間只覺李顯斌這名字彷彿似曾相識、卻沒法立刻想起他到底是何許人也。然而由於這張唱片實在令人感到非常特別、連帶引發了我亟欲一窺究竟的好奇感，於是便順手將它買回，且上網查了些資料，這才恍然在記憶中逐漸串連起過去台灣仍處戒嚴時期、塑造「反共義士」作為政治樣板的一齣近代史嘲諷劇！

回溯昔日這起震驚國際的突發事件就在一九六五年十一月十一日這天，中共空軍飛行員李顯斌、李才旺、廉保生等三人駕駛俄製伊留申二十八型轟炸機，自杭州筧橋機場飛抵台灣桃園機場迫降，並且宣稱是「投奔自由」、「起義來歸」。試想當年在那

《李顯斌的故事》（新文藝歌劇）專輯封面／1966年／環球唱片
（作者收藏翻拍）

國共兩岸對峙的敏感時期，李顯斌從中國大陸駕機來台後自是備受禮遇，政府二話不說，不僅立即頒贈鉅額黃金（二千兩）為獎勵，其本人更被冠以「反共義士」頭銜在媒體面前廣受英雄式的歡迎。

及至翌年（一九六六）八月，為響應當時國防部實踐「國軍新文藝運動」的號召、積極推展「戰鬥文藝」、「反共文藝」等創作方向，憲兵司令部所屬「國軍劇藝工作第八隊」奉命更名為「憲光藝工隊」，還特別找來了〈總統蔣公紀念歌〉作曲者、素有「軍中音樂之父」美譽的李中和（一九一七—二〇〇九）擔綱譜曲，韋仲公作詞、資深舞蹈家李天民（一九二五—二〇〇七）負責編舞、金成富導演、唐紹華指導，將所謂「反共義士」李顯斌駕機投奔自由的故事搬上舞台，以一齣九幕二十四場的歌舞劇形式來呈現，演出內容不外乎再三強調他在「共匪暴政」統治下如何「忍辱負重」，眼見赤地三千里的黎民百姓不斷流亡啃樹皮，最後為了要拯救更多的苦難同胞而毅然決然「衝破鐵幕」等反共八股。這一年，出身傳統軍人家庭、甫從歌壇出道的青山（一九四五—）剛剛進入軍中服役。由於他歌藝出色，既能唱又能演，不久就被借調到「憲光藝工隊」發揮演藝專長娛樂官兵，同時也參與了這場反共歌舞劇的演出。

隨之，就在國民黨當局大肆宣傳《李顯斌的故事》這齣由軍方主導的「反共樣

《李顯斌的故事》（新文藝歌劇）內附劇本手冊／1966年／環球唱片（作者收藏翻拍）

板戲」首演後沒多久，同年（一九六六）九月，適值而立之齡的李顯斌旋即與年僅二十一歲的「中廣播音員之花」張美雲共結連理，並於台北空軍新生社舉行婚宴，在當時一度傳為佳話。

由於張美雲早年曾在政工幹校念過一年書，後來因為盲腸炎開刀而休學，病癒後考進中廣工作，豈料昔日這段經歷卻讓當年流傳她為「政戰學校女特務」以便「就近監視」李顯斌的坊間之說甚囂塵上。而在事隔多年以後，她接受媒體訪談表示：「我真的不是臥底情報員。」張美雲說：「我沒這麼偉大！嫁給他只是糊里糊塗就嫁了。」

想當初，未嫁給李顯斌之前，張美雲作為中廣公司重點栽培的新人，既是歌唱比賽亞軍，又是口齒伶俐反應一流的播音人員（早期曾和女歌星紫薇共同主持廣播節目「星海」），不僅於六〇年代初期與紀露霞、張淑美等著名歌手在洪一峰自組的歌舞團同台駐唱，甚至還在結婚那年（一九六六）於中廣監製、台聲公司出版的曲盤系列當中灌錄了個人唱片《張美雲歌唱專集》，裡面唱的全是五、六〇年代香港流行歌壇作曲家梁樂音（一九一〇—一九八九）譜寫的國語老歌，包括如〈青春的謎〉、〈月兒彎彎照九州〉、〈未識綺羅香〉、〈女兒心〉、〈生命如花籃〉、〈等待〉、〈昨

《張美雲唱片專集》專輯封面／1966年／台聲唱片
（作者收藏翻拍）

夜．今夜．明夜〉等，夜裡細聽其曲盤傳來一陣陣歌聲呢喃、音韻婉轉，彷彿追懷老上海溫情脈脈的秋水一瞥，歌女穿旗袍，娓娓唱出曼妙的旋律、柔婉的情調，不禁教人為之沉醉。

婚後的張美雲，為此完全捨棄了她原本大有可為的歌壇演藝之路，卻換得了往後不甚順遂、波瀾迭起的意外人生。當年英挺多金的「反共義士」不僅和她逐漸產生歧見而離異，爾後更因返鄉探親之故而被大陸當局以「投敵叛變罪」處以十五年徒刑，晚年在病痛折磨下鬱鬱以終。

「究竟什麼是青春，青春值多少價，靜悄悄的沒有回答，一片綠葉輕輕的飄下」，老唱片裡——正值雙十妙齡的張美雲謳歌一曲〈青春的謎〉悠然唱道：「失去的純真，感情的刺傷，是如玉是金沙，是荊棘是桂花，祇帶走似水流年曆，歷經了滄桑年華」。有人說，青春就是用來揮霍的，一切的喜怒哀樂只能埋葬在昨天。但正因為記憶會說話、思念會萌芽，於今回顧過去，哪怕「青春無悔」抑或「不堪回首」，生命中總有一些熟悉的旋律不會消逝，因為那些不老的旋律唱出了一代人青春和成長的歷程，更見證了一段不能夠被歲月輕易遺忘的歷史。

想像在月球上唱歌跳舞

關乎一個時代記憶的喚起或者遺忘，往往最是令人猝不及防，如今你我大抵必將銘記二〇一二年八月二十五這天，歷史上首度登月的美國太空人阿姆斯壯（Neil Armstrong，一九〇三—二〇一二）去世的日子。

於此不禁憶及前些時候，乍見電影《歲月神偷》一開場小主人公（大耳牛）頭戴亮晶晶的金魚缸扮作太空人在斑駁的街道上奔跑、耳邊頓時響起背景音樂的這首歌〈Dancing on the moon〉，一下子就把我帶回了童年。

「Five、Four、Three、Two、One……Fire！」伴隨歌曲開頭的那段火箭發射倒數號令，接連呈現出影片中對這世界充滿了好奇與新鮮感的大耳牛，把他從鄰家店鋪一次次偷來的烏龜、金魚缸、孫悟空雕像、月光杯當成通往探索內心異想世界的「寶物」，而他的夢想，則是希望能夠成為像阿姆斯壯那樣的宇宙飛行員登陸月球。

We'll be dancing on the moon（我們將在月亮上跳舞）
Its' gonna happen very soon（它很快就會實現）
Down in the middle of a big moon crater（降落在一個巨大的月球隕石坑內）
Oh, we'll be doing the mash patato（噢～我們將會做馬鈴薯泥）
Mash patato, yeah, yeah, yeah, yeah（馬鈴薯泥，是啊是啊是啊是啊）

想當年（一九六九）據說至少有超過五億人（觀眾）守候在電視機前收看太空船「阿波羅十一號」登月實況轉播，至於透過廣播節目關注者更是不計其數，他們或許屏息凝神、或許不慌不亂，卻都一同見證了三十八歲的阿姆斯壯在月球上首次留下人類的足跡。「這是個人的一小步，卻是全人類的一大步。」當時他從月球表面傳回的這句話至今仍回蕩在許多人的記憶中。

從那天起，每年七月二十日便成了俗稱的「人類月球日」，往後許許多多有關歌頌「登月」事蹟的音樂歌曲、電影戲劇、藝術創作也就由此因應而生，建築大師王大閎甚至早於登月之前即已浪漫地先行構思如何建造一座「登月紀念塔」來祝賀這人類歷史的一刻（只可惜後來由於中美斷交而功敗垂成）。

根據美國宇航局（NASA）表示，當年「阿波羅十一號」執行登月任務時，太空艙內正播放著「瘦皮猴」法蘭克辛納屈（Frank Sinatra，一九一五－一九九八）演唱一曲奔放浪漫的〈Fly me to the moon〉（帶我飛向月球）。相傳這首名聞遐邇的〈Fly me to the moon〉原為美國爵士樂作曲家及鋼琴家Bart Howard創作於一九五四年的一首華爾茲舞曲，最初由老牌歌手 Felicia Sanders及Julie London演唱，當時此曲並不是很紅，而曲名則是叫做〈In Other Words〉。後來（一九五六）唱片發行商建議將其改名為〈Take me to the moon〉，在歌手Johnny Mathis發行專輯時正式命名〈Fly me to the moon〉。

一九六二年，Joe Hanne將此歌進行了改編，並由Patty Page演唱，形成了目前廣為傳唱的版本。直到一九六四年由Quincy Jones重新編曲、找來Frank Sinatra擔綱主唱並收錄於《It Might as Well Be Swing》這張專輯中，加上當時美國正推行人類登陸月球最後「彩排」行動的阿波羅十號計畫，遂使得主打歌〈Fly me to the moon〉推出之後旋即聲名大噪，乃至成為六、七〇年代最火紅的代表歌曲。

Fly me to the moon（帶我飛向月球）
And let me play among the stars（讓我在群星中嬉戲）
Let me see what spring is like on Jupiter and Mars（讓我看木星與火星上的春天）
In other words, hold my hand（也就是說：握住我的手）
In other words, darling, kiss me（也就是說：親愛的，親吻我）

作為上世紀連繫「登月」事件的經典名曲，〈Fly me to the moon〉在近一百年間被翻唱成了無數版本，甚至到了一九九五年日本首次播放庵野秀明監製動畫《新世紀福音戰士》（Neon Genesis Evangelion，簡稱《EVA》）TV版的片尾曲，亦不乏有高橋洋子、宇多田光、三石琴乃、宮村優子、林原惠等眾位女歌手相繼演繹這首歷久彌新的〈Fly me to the moon〉。此處對於戰後出身六、七年級世代的年輕一輩來說，讓他們真正記住的或許並不是Frank Sinatra歌聲裡的那份歲月滄桑，而是《EVA》（新世紀福音戰士）劇中女主角綾波零——那個有著紅色憂鬱冷酷眼神的女孩、在銀色月光下盪漾於水面流轉不止的音夢情境。

無獨有偶，相對在台灣歌壇當時也有唱片商為了順搭一九六九年掀起的這股「登月」流行潮、故而趁勢發行紀念歌曲專輯，那便是湯蘭花的〈登月之歌〉（賓遊作詞／曾仲影作曲）。

「且歌唱莫嘆愁，心如明月自無憂」，曲盤中，湯蘭花以其特有渾厚豐潤的磁性嗓音從容唱道：「人類已能登月球，攀險峰登奇岩，更與嫦娥共舞約，創造毅力，把仙境化人間」。話說就在阿姆斯壯獲得「登月第一人」頭銜的那一年，湯蘭花十八歲，來自阿里山來吉村鄒族的她，與生俱有一副得天獨厚的好歌喉，早先參加「台視歌唱比賽」及「正聲電台歌唱比賽」皆榮獲冠軍，隨之進入演藝圈後，即以主演電影《負心的人》一炮而紅，也曾演出連續劇、灌錄電影主題曲及唱片十餘張，遂由一個山裡來的小女孩搖身一變，成為了當年家喻戶曉的影歌壇巨星，名噪一時。

據說早些年有影迷為了一睹她的丰采，因而遭群眾（粉絲）包圍，追逐之際甚至還曾出動消防車灑水驅趕人群。有趣的是，湯蘭花雖為鄒族原住民出身，且原名叫做「優路那那・丹妮芙」（Yurunana Daniiv），但她唱起歌來卻並不以所謂「原住民特色」的鄉音古調為號召，無論歌曲選材（比方她唱〈清平調〉、〈秋華月滿〉、〈青青河畔草〉等名歌）或歌聲表達反倒更強調的是字正腔圓的北京腔（國語），以及源

《登月之歌》（湯蘭花專輯）第四集專輯封面／1969年／環球唱片（作者收藏翻拍）

自唐詩宋詞等中國古典文學的漢文化傳統，一如她在〈登月之歌〉高唱：「皎皎月照撤人間，有人憂愁有人歡，宇宙何處覓桂丹，圓圓月光透林巒，有人歌唱有人嘆，何時遊月登奇山」，曲詞中不僅擬似古代騷人墨客相約出遊唱和、且於月下賦歌曰「明月幾時有，把酒問青天……起舞弄清影，何似在人間」流露出濃濃的感懷情味，亦不乏喟嘆「人有悲歡離合，月有陰晴圓缺」的借景抒情，其字裡行間顯然受到宋代詞人蘇軾筆下歌詠月亮的曠世名作〈水調歌頭〉的影響。

傳說古時神話有云：「天上只三日，世間已千年」，因此古人認為月亮裡的嫦娥待在天上度過一天的時間，想必與人間的日子是極為不同的。而今朝反向觀之，看在當年完成登月壯舉的太空人阿姆斯壯眼中，從月球俯看地球，他形容彷彿就像是坐在上帝的前廊，朝著家的方向看，那種美的經驗無與倫比。後來有人曾問他對於自己的腳印將永留月球有何感想，他的回答是「希望未來有人上去把我的腳印擦掉」。

離開銀河，前往宇宙的彼方

人，實在是很難不念舊的。

尤其當你面對未知的將來，眼下正值前程曖昧不明、禍福難料之際，多多少少都會不自覺地開始緬懷、回顧起某些舊事物（所謂的「復古」情結），甚至將之另作重新詮釋與再現，以便從中找回自己曾經有過的那份自信。

不久前，據聞媒體報導釣魚台事件風波再起，另由台灣漁船與海巡署組成的保釣船隊，且於鄰近海域與日本海上保安廳船艦雙方對峙，互噴水柱嗆聲「釣魚台是我們的」！傾刻間似有劍拔弩張、山雨欲來的態勢。同時，起初屢因個人言論引發各界非議的石原慎太郎，亦一度對外聲稱企圖向民間集資購買釣魚台，旋即又宣布要組建新黨且擔任黨魁，然而此舉究竟只是吹皺一池春水？或將掀起另一波更大的歷史洄瀾？

則未可知矣。

我卻獨獨想念起童年時印象猶深的一齣卡通電視劇——名曰「宇宙戰艦」。

回想以前小時候放學回家，只要一到了晚上六點鐘，定會守在電視機前，等著收看每個禮拜同一時段、每天各有不同的卡通節目輪流播映。「再會了，地球啊！航向旅程的船是，宇宙戰艦，大．和．號，前往宇宙的彼方，伊斯坎達星，背負著命運，現在要出航了」，話說當年這部知名動畫卡通原始版本最早於一九七四年在日本首播（後來在八〇年代中期陸續引進台港等地），故事情節主要描述西曆二一九九年由長眠海底的戰船改造成宇宙戰艦，其目的是為了拯救瀕臨滅絕的地球人，「我一定會凱旋歸來，向揮手的人們，用笑容來回報，離開銀河，前往伊斯坎達星，遠方的希望，宇宙戰艦，大．和．號」，但隨著劇中開場音樂片頭歌曲OP緩緩唱出，相信所有那些小小觀眾們都會記住螢光幕前所期待看到的這一幕——宇宙戰艦從地底深處殘骸破土而出、飛向太空！

印象中，揉合其劇情畫面的聲音記憶往往更教人難忘，而這首主題曲本身帶有濃濃的軍歌味，短短幾句歌詞、配上明快振奮的旋律節奏，卻儼然道盡了劇中主角（「大和號」成員）為了拯救地球（人類）避免走上毀滅覆亡的厄運，致使最後決戰關頭不

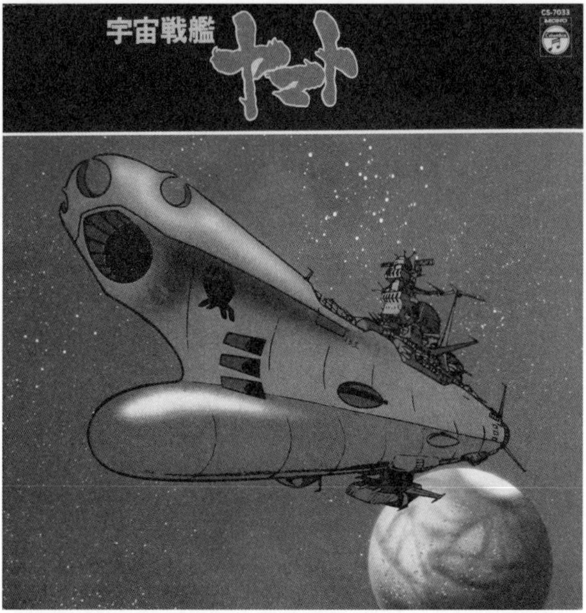

《宇宙戰艦ヤマト》（宇宙戰艦大和號）動畫原聲帶專輯封面／1977年／Columbia唱片（作者收藏翻拍）

得不自我犧牲以換取一線生機的宿命氛圍（即使明知死之將至，也要鼓起勇氣相信會回來的希望），種種橋段不僅讓日式動漫迷與鐵杆硬科幻迷看得熱血沸騰，聆聽歌樂流轉當中更頗有古往今來壯士出征「一去不復返」的激昂與悲壯。

可當時年幼的我，並不知道影片裡所謂的「宇宙戰艦」原來是二次世界大戰中被擊沉的舊日本海軍旗艦「大和號」轉生（想像）而來，之後萬萬更沒想見的是，這齣日本動畫史上始終不被遺忘的經典科幻卡通《宇宙戰艦大和號》（宇宙戦艦ヤマト），在它歷經了三十多年的時光淬煉下依舊魅力不減，於二〇〇九、二〇一〇年分別推出了復活篇動畫及電影真人版，其中「電影真人版」由木村拓哉飾演主角古代進、黑木美沙演出女主角森雪，至於另一部《宇宙戰艦大和號——復活篇》擔綱故事原案的編劇者，豈料正是近來於釣魚台事件當中不惜挑動中日台三方敏感神經的日本政界著名右翼——「老派憤青」石原慎太郎！

於此，或許很多台灣的動畫影迷都未曾留意的是，當初（一九九七）《宇宙戰艦大和號》的原作者西崎義展為了積極宣揚日本「保釣運動」而甘犯法禁——私帶流彈槍、M16手槍、手榴彈等物，夥同石原慎太郎以及另一名記者共同前往釣魚台（日人稱作「尖閣群島」）海域宣示主權！這起事件據說當時還登上了日本新聞媒體、舉國譁然，後來（一九九九）當地政府最高法院甚至依據違反槍砲條例判處西崎義展二年八個月的有期徒刑。

在這裡，西崎義展和石原慎太郎兩人毋寧都是長年篤信愛國主義者、不折不扣的大右派，想當然爾《宇宙戰艦大和號》從一開始最早的初代TV版、乃至往後延續的「電影真人版」、「復活篇」故事內容，再再都令人聯想起過去大日本帝國海軍馳騁於太平洋戰役「全艦玉碎」的影射劇情安排也就不難預料了。

憑藉著「大和號」所代表日本民族曾經最輝煌的精神象徵，當年堪稱配備火力最強、裝甲最厚、排水量最大，被譽為無堅不摧、固若金湯的海洋鋼鐵城堡，後來在「宇宙戰艦」系列動畫當中就連外觀造型也有許多地方承襲早年大和號的設計元素，例如位在船艦前端下方的半圓狀突起（此為當時採用的新式bulbous bow設計，目的是為了降低巨大船身帶來的波浪阻力），以及最強武器「波動砲」的砲口位置，其實正是仿效原先艦首配設的天皇御用大型菊花徽飾所在，無怪乎數十年後許多日本人依然對它有著如此執著的特殊迷戀，包括像是梶原一騎的《新戰艦大和》、川口開治的《沉默的艦隊》等漫畫皆不乏有昔日「大和號」的影子。

我曾聽聞台灣有些經歷過日治時代的老人家，偶爾會神情激昂地唱起當年頌揚大日

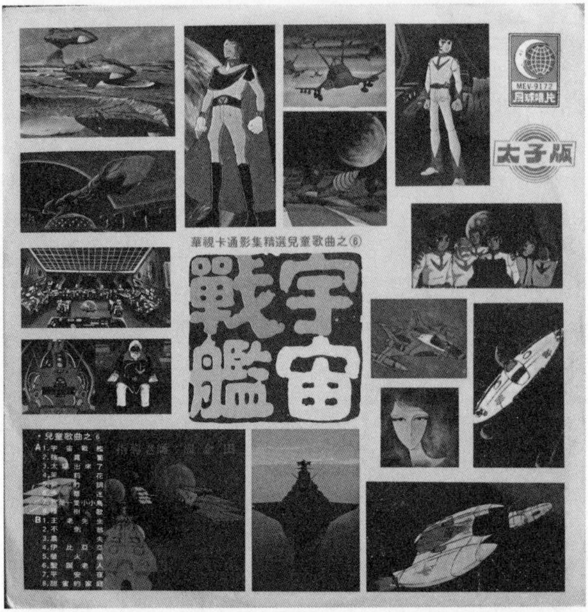

台版《宇宙戰艦》（華視卡通影集主題曲）專輯封面／1985年／月球唱片（作者收藏翻拍）

本帝國海軍的一首歌——叫做〈軍艦行進曲〉（軍艦マーチ），後來到了國民黨戒嚴時期，部分黨外人士競選地方民意代表時也會特別選擇在宣傳車隊上沿途播放〈軍艦行進曲〉作為競選歌曲，甚至有的中南部地下電台新聞時段還會拿它當作背景音樂。此處所謂的「大和」精神，對於許多老一輩台灣人來說，其實是相當敏感、複雜且糾葛的。

此外，很矛盾又有趣的是，自上世紀八〇年代末開始流行「架空歷史小說」以來，日本人一直喜歡透過「宇宙戰艦」這類動漫作品來展現當年自己在軍事方面的成就和自信，正如在二戰期間日本造出零式戰鬥機或大和號這些先進武器一樣，但是因為戰敗之故卻不能太過明目張膽，所以只好以「拯救地球」、「對抗外星人侵略」為理由，用全新的科幻主題來追悼（緬懷）往昔的榮光、鄉愁與憧憬。而且，就從孩子們最愛收看的電視卡通動畫裡面開始去灌輸某些觀念（包括像是愛國、友情、榮譽等）。

誰說兒童不懂政治，不能懂社會、軍事、歷史？他們明明就跟大人一樣共同浸泡在當下的現實環境裡，但在台灣以往所謂主流的「兒童教育」卻是刻意將許多這些東西給「淨化」、「幼稚化」了！這是我聆聽比較台灣版（華視播映）《宇宙戰艦》唱片主題曲與原版日文歌之間的偌大差異所得的深深感觸。

浸潤英倫情懷的國族歌詠

——愛國軍歌作曲家賴孫德芳

乍臨流火的六、七月間，常言道：「春去未多時，炎夏悄然至」，每逢告別了春暖花開的時節過後沒多久，旋將隨即迎來毒日當頭、暑氣蒸騰，這時若能吃上幾塊西瓜無疑是最恰以清熱解暑的了！據聞中原大學年年舉辦母親節合唱比賽，頒發獎品清一色都是當季盛產汁多味甜的大西瓜。對此，明末清初的才子金聖嘆早有批語云：「夏日於朱紅盤中，自拔快刀，切綠沉西瓜，不亦快哉！」寥寥數言不啻道盡了夏日吃西瓜的那份暢快淋漓之感。

此處好一個自拔快刀、切綠沉西瓜。只聽得刀刃觸瓜瞬間，如裂帛般、清脆的一聲「ㄅㄛ」——西瓜應聲而開，順刀切成一舟一舟，邊啃著瓜肉，清甜的瓜汁滴滴答答落於盤上，諸如此般參雜了聽覺、視覺，乃至嗅覺和味覺的多重感官刺激每每引發我對水果記憶的原始感受，也讓我想起了中學時代曾經唱過一首跟「西瓜」有關的歌，曲名就叫〈台灣的西瓜〉。歌詞似乎是這樣的：

台灣的西瓜真正好呦
綠油油的皮兒呦，紅酥酥的心兒呦
台灣的西瓜真正好呦
又大又甜買了包塊包你吃得開懷
送給戰士一人一塊，大家吃得痛快
台灣的西瓜真好，頂好呱呱叫
台灣的西瓜真好，送給那戰士吃個飽，頂好呱呱叫

猶記得那時候學校合唱團及音樂課裡似乎都有這首歌，其曲調意涵主要在於歌頌台灣本地特色農產作物，且藉此予以激勵民眾發揮愛國精神的一闕合唱歌曲，另外在有些校園軍歌比賽場合當中偶爾也會聽到人家唱〈台灣的西瓜〉，正因為它的旋律節奏

輕快活潑、歌詞橋段幽默逗趣，所以特別令人印象深刻。

然而，當時的我只覺一面哼唱自娛淺嘗即止、一面不禁勾起了小時候吃西瓜的甜美回憶，除此並沒有留意到樂譜角落標記著原作曲者「賴孫德芳」（一九二〇—二〇〇九）這個名字。直到事隔多年以後，某天我在福和橋下跳蚤市場偶然發現一張留有「Delifang Sun Lai」簽名贈念字跡的「賴孫德芳　愛國歌選」黑膠唱片，便順手拿起來翻弄看看、檢視外觀染著些許水漬的舊紙封套，上面赫然就有這首耳熟能詳的〈台灣的西瓜〉，以及其它一系列歌樂創作，包括近年全國音樂比賽管樂合奏經常能夠聽到的、充滿了大時代史詩氣韻的〈藍天進行曲〉、〈海上進行曲〉，甚至還有同樣似曾相識的、娓娓牽動異域懷鄉之情的兒時老歌如〈台灣好〉、〈農民歌〉、〈青年歌〉等，這些曲子毋寧皆出自賴孫德芳——這位被譽為戰後台灣第一位女性作曲家之手。

值此，特別是她在創作軍歌、愛國歌曲以及進行曲方面的豐碩成就。賴孫德芳筆下譜出的進行曲作品經常展現典型正宗的英式風格，有著十九世紀末、二十世紀初英國樂壇名宿艾爾加（Edward William Elgar，一八五七—一九三四）及佛漢威廉士（Ralph Vaughan Williams，一八七二—一九五八）與生俱來的磅礴氣勢，而在取材與風格上雖大多是沿襲自抗戰時期的歌樂精神、並採用西方古典樂句結構為圭臬，據以

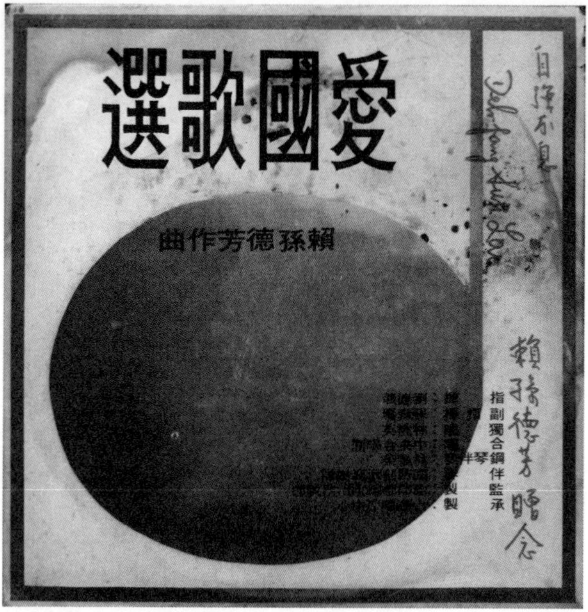

《愛國歌選》（賴孫德芳作曲）專輯封面／1971年／台灣唱片中心（作者收藏翻拍）

愛國歌選
33⅓ R. P. M.
立体身歷聲
第一面
(1)國光進行曲
(2)藍天進行曲
(3)海上進行曲
(4)青年歌
(5)鋼鐵軍
(6)偉大的時代來到了

愛國歌選
33⅓ R. P. M.
立体身歷聲
第二面
(1)台灣的西瓜
(2)洗衣女之歌
(3)讚美姑娘
(4)農民歌
(5)月兒不亮
(6)保衛大中華
(7)歌頌中華

喚起家國之思，抑或闡揚反共復國的愛國情操為目的，卻總能毫不相悖地流露出深切動人的本土樂韻，加諸巧妙運用五聲音階、豐富的和聲鋪陳，同時側重於旋律與節奏變化等，每每教人感受到雄壯之師的威風凜凜以及泱泱大國的恢宏氣派。

涵蘊如是秀異的音樂語彙與作曲風格，應與賴孫德芳的成長背景息息相關。話說自幼出身於北平的名門望族，賴孫德芳六歲時即啟蒙習樂，初期以歌唱家為職志，隨之適逢中日戰爭爆發而在戰火中完成高中學業，並於一九四一年赴四川成都，考取戰時大後方的知名學府「金陵女子大學」。在校期間從英文系轉入音樂系，當時選擇主修聲樂的她，稍後由於感染喉疾未能痊癒，遂因此放棄原本心愛的歌唱，轉而主修作曲以及合唱指揮。一九四五年，賴孫德芳自金陵大學畢業後繼續留校擔任助教，就在這一年，她與空軍名將賴名湯（時任空軍上校）成婚，典禮中的結婚進行曲亦由她親自譜曲。

婚後的賴孫德芳，隔年即因夫婿奉派赴英國擔任武官而跟著移居倫敦，隨之她也進入了當地著名的「倫敦聖三一主音樂學院」（Trinity College of Music）師事喬洛給（Professor Geologey）教授攻讀理論作曲。當時的英國正迎來前所未有的歡騰氣氛，為了熱烈慶祝盟軍於二次世界大戰取得的輝煌勝利，由英王喬治六世親自主持、並且

右頁：《愛國歌選》（賴孫德芳作曲）曲盤圓標／1971年／台灣唱片中心（作者收藏翻拍）

邀請各同盟國代表使團共襄盛舉的「勝利大遊行」就在首府倫敦舉行。遊行期間，大街小巷到處都是載歌載舞、舉杯祝酒盡情歡呼的各路人潮，當年賴孫德芳夫婦倆亦有幸躬逢其盛。於是乎，望之顯見戰後百業復甦、生氣蓬勃的一片繁榮景象，再加上倫敦原本豐沛旺盛、地靈人傑的藝術環境滋養，想必更是源源灌溉了當時年方二十四歲年輕作曲家賴孫德芳的創作心靈，其影響所及，或許也就能夠多少領受在她歌曲作品當中不乏匠心獨具的那份壯麗堂皇的英倫風采！

一九五〇年間，賴孫德芳伉儷隨國民政府播遷來台，當時的她正可謂歷經了長時間風起雲湧、翻天覆地的大時代洗禮，所以才能接連譜寫出那樣氣度不凡的曲子、創造出那樣巍峨凜然的歌聲。對於這麼一位誕生於烽火淬煉下的作曲家而言，自當也少不了早年那個時代所特有的一些奇聞軼事。其中最引人樂道的，即是傳說她在一九七四年隨夫婿賴名湯將軍（當時已升任參謀總長）與美軍協防司令部將領巡視左營軍港、以便接受美軍交付予我國的第一艘潛艇時，美軍將領竟表示由於喜愛賴孫德芳的〈藍天進行曲〉，故決定將三艘驅逐艦（二次大戰的舊型機種）送給台灣海軍！且言明這是送給她的一份特別「禮物」，自此坊間流傳「一首曲子換來三艘軍艦」之說便不脛而走。

當然，類似像這樣的故事不免有些穿鑿附會、乃至歌功頌德之嫌，至於故事背後到底真相為何？究竟是真是假？後續結果似乎也就只有靜待後世史家評述，看是否能有機會挖崛出最新的第一手史料證據予以論說辯正了。

法式浪漫的軟語呢儂

日前乍然讀到《中國時報》刊出採訪陶喆的一則新聞，文中談到他從小受西洋流行音樂的薰陶，最崇拜「披頭四」的搖滾巨星約翰．藍儂（John Lennon），十二歲就聽過藍儂與日本情人小野洋子（Yoko Ono，一九三三—）合出的黑膠唱片《Double Fantasy》（雙重夢幻）。

有趣的是，陶喆說他初次聽到小野洋子在〈Kiss Kiss Kiss〉這首歌中發出A片喘息聲、並以高潮叫聲結尾，讓他嚇了一大跳，表示無法接受、且至今仍不喜歡她（小野洋子）（且讓人出乎意料的是，沒想到就在這張專輯推出的同年十二月，便發生藍儂在自宅前遭瘋狂歌迷槍殺身亡的悲劇）。

此處提及小野洋子於一九八〇年一手包辦作詞演唱的〈Kiss Kiss Kiss〉，歌詞內容本身倒是頗為一般，比較有意思的，是在歌曲末尾疊加的那段誇張的、甚至有些風騷做作的日語呻吟聲（嗯，我想許多經歷過早期日本錄影帶Video時代的台灣男人應該都懂的）。

Kiss kiss kiss kiss me love（吻吻吻，親吻我的愛）
Just one kiss kiss will do（只要一個吻，做就是了）
Why death why life（為何而死，為何而生）
Warm hearts cold darts（心很暖，愛神的箭很冷）

據聞約翰．藍儂本人對於這首歌倒是覺得很滿意，至於那些認為〈Kiss Kiss Kiss〉是先鋒之作的（指在歌曲中加入女人呻吟聲的部分），殊不知遠在更早之前的一九六九年，來自英國倫敦的女星珍．柏金（Jane Birkin，一九四六—）與當時正處於熱戀中的法國鬼才音樂家賽吉．甘斯柏（Serge Gainsbourg，一九二八—一九九一），兩人即以一首驚世駭俗的性愛歌曲〈Je t'aime...moi non plus〉（我愛你，我也不愛你！）席捲整個歐洲。

英國首版〈Je t'aime...moi non plus〉單曲專輯七吋黑膠封面／1969年（作者收藏翻拍）

話說珍・柏金於戰後六〇年代的倫敦發跡，乃為英國名門貴族出身，最初因演出義大利導演安東尼奧尼（Michelangelo Antonioni，一九一二—二〇〇七）早期頗受爭議的一部電影《Blowup》（春光乍現）而初試啼聲。在她二十二歲那年（一九六八），珍・柏金得知法國導演Pierre Grimblat正為新片《Slogan》物色一名年輕英國女演員，便毅然決定前往巴黎參加試鏡。當初一句法語也不會說的她，為了追求電影夢隻身一人來到法國，幸運獲得了擔綱女主角的演出機會，在片中與法國藝界風流才子賽吉・甘斯柏演對手戲，還為這部電影合唱了主題曲〈La chanson de slogan〉。而後兩人旋即陷入熱戀，並維持了十多年的婚姻情誼，更讓他們激盪出諸多歌樂作品。

然而在此之前，年方四十、風流倜儻的賽吉・甘斯柏正和當時已嫁給德國汽車大亨薩克斯（Gunter Sachs）的「性感小野貓」碧姬芭杜（Brigitte Bardot）打得火熱，芭杜要甘斯柏為她譜寫一首「世界上最美的情歌」，於是有了男女雙人對唱〈Je t'aime...moi non plus〉這首歌的誕生。悉聽曲中歌詞充滿了慾望的呢喃及露骨的性暗示，其靈感毋寧來自於兩人的閨房行樂，旋律間穿插一陣陣男歡女愛的喘息聲不斷，遂不見容於當時一些衛道人士，接連引發報章雜誌強烈評擊，且在嫉妒、羞憤的芭杜丈夫施壓下，致使甘斯柏與芭杜合唱灌錄的〈Je t'aime...moi non plus〉無法對外發行，彼此這段畸戀不久也宣告結束。

Je t'aime Je t'aime（我愛你，我愛你）
oh, oui je t'aime!（噢，我愛你）
moi non plus（我也不愛你）
oh, mon amour……（噢，我的愛）
comme la vague irresolu（像進退的浪潮一樣）
je vais je vais et je viens（我來來去去）
entre tes reins（在妳的腰間）
et je me retiens（然後我，忍住）

與舊愛分手後一年（一九六八），賽吉・甘斯柏遇上了新歡珍・柏金，霎時驚為天人，也就此擦出無可救藥的激情創作火花。甘斯柏為了示愛，乃將原本寫給碧姬芭杜的〈Je t'aime...moi non plus〉轉送給珍・柏金，並趕在一九六九年發行了這支歌曲的首版唱片。歌中近乎放浪形骸地歌頌彼此肉體交歡的愉悅，伴隨珍．柏金嬌媚的呻吟，整首曲子即在（性）高潮之後結束，因而引發了廣大爭議，兩人也被貼上了敗德、色情的標籤，許多歐洲國家（如義大利、西班牙、英國）甚至直接禁播這首歌，就連梵諦岡教廷都頗有微詞，表示「此歌觸犯道德觀」。

然而，正所謂「因緣際會、時勢所趨」，彼時恰逢法國巴黎爆發「五月學運」浪潮方興未艾、餘波盪漾的那些年，在這一場猶如狂歡節般的運動中，人與人之間的隔閡很快被打破了，一切反面的價值觀咸被視為具有革命意涵，包括「性解放」、「吸毒」、「反社會」、「同性戀」等，結合了全世界如火如荼展開的無政府主義，以及六〇年代美國越戰時期發展出來的嬉皮文化，年輕人普遍陷入一種虛無荒誕、耽於享樂、紙醉金迷的氛圍當中。於是乎，就在此學運潮流愈演愈烈之際，人們對於身體慾望的崇拜、探索性愛的解放也愈趨熱切，更成為全法國乃至整個西方世界那一代青年的精神信仰。

不懂歌詞沒關係，聽「呻吟與喘息聲」就夠了。

值此，賽吉．甘斯柏與珍．柏金仍在一片滿城風雨當中共同發表了這首激情露骨的《Je t'aime...moi non plus》單曲專輯，發行之初，果不期然遭到當時媒體的強烈抨擊以及電台禁播，但在輿論的推波助瀾下，反倒更引起了一般社會大眾的好奇心，不僅令無數聽者趨之若鶩，兩人的愛情也自此聲名遠播、成為七〇年代帶動法國文化風潮的一則當代傳奇。

談起歌中女主角「Jane Birkin」，這個名字在法國聽起來似乎總有一股別具風韻的英倫情調，於優雅慧黠的氣質中帶有些性感純真的味道，尤其聽她那一口抒情慵懶的沙啞嗓音，誘人挑逗似地唱著：「Je t'aime Je t'aime... moi non plus」，那種軟語呢儂，彷彿有一股淡淡的憂傷，如微風般在耳邊掠過，既純透清澈卻又令人銷魂至極！至於原版唱片封面則相當大膽地以珍．柏金的裸照為背景，亦為早期黑膠收藏家難得一見的夢幻逸品。據說這張單曲唱片最初在短時間內即已大放異彩，且於當年（一九六九）十月直衝英國單曲排行榜冠軍，銷售迅速累積達百萬張，還成了當時英國最賣座的外語流行歌，熱銷全歐洲。

隨後的數年間，能歌善演的珍．柏金持續朝向影歌雙棲發展，賽吉．甘斯柏也接連為她寫出了諸多法式經典的情愛之歌，如〈L'anamour〉（錯愛）、〈Jane B〉（珍．柏金）、〈69 année érotique〉（情色的69年）。一九七五年兩人又推出同名電影《Je t'aime...moi non plus》，珍．柏金在片中扮演一個性別曖昧的年輕女角，電影本身所著墨的同志情節與性別越界話題，同樣也在當時遭遇不少波折。

向來無拘無束、性情純真灑脫的珍・柏金，不僅是那個年代法國影歌壇最具靈動氣質的性感女神，同時也是法國時尚界一度引領風騷的重要流行指標。現今貴婦名媛為之瘋狂的法國名牌「愛瑪仕柏金包」（Hermés Birkin Bag），顧名思義正是當年（一九八四）愛瑪仕總裁Jean Louis Dumas在一次旅行班機上偶遇珍・柏金所產生的靈感、專門為她量身訂作的包款。珍・柏金那時與賽吉・甘斯柏才剛生下女兒Charlotte（後來Charlotte也繼承了父母衣缽，在電影和音樂圈中大放異彩），她希望愛瑪仕能設計一個方便攜帶嬰兒用品的手袋，柏金包就此誕生，日後更成了愛瑪仕最受歡迎的流行商品，這大概也是當初珍・柏金本人始料未及的吧？

我的心飛向了義大利

——六〇年代台灣爵士歌樂先驅張美倫

cha cha cha，cha cha cha，cha cha china（恰恰恰、恰恰恰，中國恰恰）
fiore di lotto halla il cha cha cha（隨著那叢花兒跳著恰恰恰）
cha cha cha，cha cha cha，cha cha china（恰恰恰、恰恰恰，中國恰恰）
……ha pre deso in cambio un bacio（預先和他交換一個吻）
senti gira la testa fiori di lotto（教他墜入了令人暈眩的花叢中）
che teue moto questo cha cha cha（我們一起來跳著恰恰恰）

——〈Cha Cha China〉（中國恰恰）／Gorni Kramer作曲／張美倫演唱

《Cha Cha China》（中國恰恰）專輯封面／張美倫（Mei-Lang-Chang）／1961年／美國RCA唱片（作者收藏翻拍）

根據民國五十四年一月一日台灣各大報紙媒體所述，台灣旅義歌手張美倫於台北市中山堂舉行爵士歌曲演唱會，當天總共唱了十四首中、英、義大利文歌曲，台下觀眾均報以熱烈掌聲。其中，作為節目開場的這首義大利文歌〈Cha Cha China〉（中國恰恰）在張美倫一口慵懶迷人的磁性嗓音詮釋下，更是盡顯曲中娓娓流露異國浪漫的萬種風情、淋漓盡致，堪稱風靡了全場聽眾。隨之，該場演唱會實況錄音很快便由「海山唱片公司」發行了一套兩張的黑膠專輯。

當時，在台灣能夠像這樣公開演唱義大利文流行歌、並且發行了個人唱片的歌手可謂絕無僅有。

早前曾聽音樂系的友人說過，學聲樂一定要修義大利文，這樣以後才有好的作品可以演唱。於此，一般在聆聽「聲樂」或「歌劇」的場合時，我們總認為演唱者似乎就是要唱義大利文才最對味（回顧十八、十九世紀以降的西方古典音樂歌唱家們採用義大利「美聲唱法」（Bel Canto）演繹的歌劇幾乎稱霸當時整個歐洲）。事實上，由於這種語言本身就帶有很強的音樂性，且於聲韻裡富含母音，因此無論就發音或咬字方式而言，往往能讓歌者的聲音美感更容易發揮出來（不愧為歌劇的語言）。迄今在歌唱專業的研究領域，所謂「Speaking Voice」一詞即指古義大利美聲唱法的發音。

《張美倫小姐爵士歌曲演唱會實況》專輯封面／1965年／海山唱片（作者收藏翻拍）

印象中，還記得許多幾年前看過一部名為「教父」（The Godfather）的電影，每當片中男主角馬龍白蘭度與艾爾帕西諾一說起義大利文的對話場景時，總是讓我特別感到一股獨特的語言韻律，入耳聽來頻頻抑揚頓挫、聲腔跌宕，委實生動至極！

此處言及早期台灣學習義大利文的人無疑極為少見，大多仍以宗教政治（梵諦岡是台灣邦交國，講義文）或學聲樂、藝術創作者為主。比如六〇年代初期曾旅居義大利攻讀電影、回國後帶動台灣影壇「新寫實風潮」的知名導演白景瑞（一九三一—一九九七），即屬當年台灣影藝圈內為數不多的歐洲留學派。除此之外，當年亦有另一位奇女子也在同一時期遠赴義大利學聲樂、後來投入流行歌壇而大紅，並在台灣首度公開舉辦爵士歌曲演唱會，她的名字就叫張美倫（Mei-Lang-Chang，一九三八—）。

此姝乃何許人也?根據資深影評人黃仁主編的《中國電影電視名人錄》記載，張美倫原籍江蘇徐州，早年（自一九五〇年起）在台北市民本電台及民聲廣播電台演唱國語歌曲。一九五八年赴義大利、參加國際影片公司製片兼導演倫祖・麥路西（Renzo Memsi）拍攝以中國大陸為背景的反共影片《萬里長城》（LaGrande Muraglia，該部電影曾獲義國政府鼓勵海外拍片補助金，起初在台灣開拍。），當時作為中影人員的張美倫參與了這場演出，該片劇組回義大利拍攝時，張美倫便與麥路西前往羅馬，隨

《張美倫小姐爵士歌曲演唱會實況》專輯曲盤圓標／1965年／海山唱片（作者收藏翻拍）

即留義深造歌藝，及在歐洲各地演唱。自一九六七年起數度返台，在電視台及夜總會演唱[1]。

「有一天，一位碧眼曲髮的洋人來看我，他說他是義大利的導演，有意要我去義大利拍他執導的片子，因此，我飄呀！飄的，到了義大利。從此，我另一段多彩多姿的歌唱生涯，開始了。」彼時年方十九、甫在台北「碧雲天」歌廳正式登台駐唱的張美倫回憶起當年這段因緣際遇：「剛到羅馬，我是住在Santa Brigida修道院，高高的牆，靜謐的空氣，沖淡了我語言不通的苦楚……我發覺義大利真是個好地方，羅馬城更是座可愛的藝術古城，到處樂音嫋嫋，到處全是有名的音樂教授。」[2]

身為家中的獨生女、自云從小愛好音樂近乎癡迷的張美倫，據稱七、八歲時即能對著旋轉的黑膠唱片學李香蘭唱〈夜來香〉，聲調模仿得唯妙唯肖，而她早年最大的願望便是存一筆錢，因為有了錢就能付學費請名師指點歌藝。後來，她終於得償所願、

---

01 黃仁主編，一九八二，《中國電影電視名人錄》，臺北：今日電影雜誌社，頁436。

02 張美倫口述、徐桂生記錄，〈我在義大利的故事〉，一九六七年四月三十日《經濟日報》第八版。

千里迢迢來到了羅馬這座藝術之都。難得獲此機會固然欣喜，但卻也很快就讓她面臨了進階歌唱技巧方面的瓶頸：「我能大略唱出義大利文歌曲的韻味，卻抓不準頓挫轉接的妙竅」[3]。

所幸在一次偶然的機會下，張美倫的歌聲被義大利著名的電視台樂隊總指揮兼作曲家塞古利尼（Nello Segurini，一九一〇—一九八八）聽到了，塞古利尼十分讚賞張美倫擁有「天生美好的嗓子」之餘，同時也建議她「必須經過訓練才能成為好的歌喉」，於是乎張美倫遂投入塞古利尼門下開始修習歌藝。

就在她正式學歌的第二年，張美倫以一首古老的拿坡里民謠〈心與靈魂〉（Anema E Core）榮獲「全義大利新聲歌唱競賽大會」初次奪魁，翌年又以一曲〈夜半歌聲〉蟬聯冠軍，這時由於啟蒙恩師塞古利尼平日忙於諸事、實在無暇分身指導，張美倫便改向另一位聲樂老師瑪麗亞賽妮絲（Maria Senise）學習歌唱，從此一待九年。這段期間，張美倫一面隨名師學歌，一面應歐美各地邀請演唱[4]，當時她在羅馬的歌迷

---

03 同上。

04 民國五十年九月二十六日，張美倫小姐偕其他義大利歌唱家應美國RCA唱片公司之請，前往美國作一週逗留，並演唱義大利流行歌曲。

們紛紛稱她為「最美麗的中國洋娃娃」，還被起了一個綽號叫「東方之星」。

彼時在歐美歌唱界逐漸聲名鵲起的張美倫，早先於六〇年代即以「國際歌星」之姿揚名異邦，但凡只要她每到一個地方演唱，總會引起不少海內外媒體關注，其風潮所致，就連歐陸流行樂壇鼎鼎大名的唱片製作人暨作曲家柯立邁（Gorni Kramer，一九一三－一九九五）還特別為她量身打造，譜寫了一曲帶有東方搖擺爵士風格、每每節奏湧動不禁令人隨之起舞的〈Cha Cha China〉（中國恰恰）。這首歌，不僅風靡了整個歐洲和大部分美洲等地，甚至也讓美國老牌RCA唱片公司為她策畫製作了個人專輯《Cha Cha China》（中國恰恰），甫一推出便頗受好評，據說光是在義大利就銷售了三萬多張。

大抵從一九六四年到一九六七年間，旅居義大利的張美倫數度返台省親，並且多次在台北（包括中央酒店、中山堂等地）舉行公開演唱，當年一度被媒體戲稱「中國駐義大使最佳人選」的她，其歌唱演出行程可謂密集頻繁、紅極一時，但她在台灣留下的唱片卻很少，市面上也不多見。據我所知，她生平灌錄的最後一張專輯應屬「海山唱片公司」發行的國語歌《張美倫歌唱集》。自此之後，有關張美倫的消息便很少出現在媒體版面，有一說她是為愛情犧牲、因結婚成家而退出歌壇，誠如她在專輯裡一

《張美倫歌唱集》專輯封面／1967年／海山唱片（作者收藏翻拍）

闕〈狂戀〉歌中所唱：「愛人你可曾聽到我的呼喚，愛人我為什麼不見你蹤影……我種下相思恨，何日能了期，你如能給我溫情，到死也甘心」。

嘆哉！多少明星為走入家庭生活、遂甘願褪下光環歸於平淡，但卻也因此教人更加思念、且將記憶留存在昔日那一幕彷彿永不凋零的青春容顏。

來自青色山脈的盛情女子

——蕃茄姑娘蕭孋珠

早從日治時期以降，位處亞熱帶海島氣候區、一年四季皆有多樣品種果實產出的南島台灣素來即以「水果王國」美譽著稱，一般日常生活慣見者如香蕉、芭樂、蘋果、荔枝、蓮霧、鳳梨、芒果、文旦、葡萄、西瓜等，這些水果在本地農民巧手栽種以及相關農政單位的用心改良下，不僅生長得益發豐潤多汁，有些季節性水果經改良後甚至可以全年供應（俗云「台灣水果百百款」）、乃至繁衍出前所未有的奇異風味，更因此替國家賺進了大筆外匯收入。

還記得幼年時偶然曾在收音機廣播裡聽過這麼一首似乎耳熟能詳的閩南語童謠唸歌：「正月柑仔賀新年，二月芎蕉香又甜，三月枇杷黃黃黃，四月鳳梨酸酸酸，五月荔枝紅記記，六月西瓜歸路邊，七月龍眼好普渡，八月柚子慶中秋，九月葡萄好做酒，十月芭樂青青青，十一月蓮霧真脆甜，十二月草莓滿滿是」，後來待我年歲漸長，方知這首歌叫做〈台灣十二月份水果歌〉，乃是戰後初期廣泛流傳於台灣地方農村的一闕鄉俚童謠。除此，早年且不乏有知名創作者以之為題、把這些水果寫成了歌，包括像是五〇年代賴孫德芳的〈台灣的西瓜〉、以及六〇年代葉俊麟改寫自日本童謠詩人佐藤八郎填詞的〈バナナ娘〉（香蕉姑娘）、黃三元與莊明珠合唱〈賣椪柑的小姑娘〉等，甚至還有歌手把水果拿來當作行走歌壇江湖的藝名暱稱，而此刻腦海中彷彿喚起了記憶的，便是在我小時候（七〇年代末至八〇年代初）經常從「群星會」歌唱節目以及瓊瑤電視劇主題歌中聽聞赫赫有名的「蕃茄姑娘」、「蕃茄歌后」蕭孋珠（一九五五—）。

「聽到你一聲再會，我流下幾滴眼淚，在這個靜靜夜裡，我們要離別，希望你不要傷悲，我會早去早歸……」，這首由爾心譜曲、林煌坤填詞的〈真情〉，乃是蕭孋珠最初在歌林唱片公司發行的第一張唱片專輯主打歌，據說由於她天生長得一副宛如珠玉圓潤、氣色通紅的典型圓臉，不禁使人聯想到蘋果或蕃茄，唱片公司為了行銷宣傳考量，於是便在專輯封面上替蕭孋珠取了「蕃茄姑娘」此一封號，加諸她與生俱來清麗嘹亮、音聲飽滿的好歌喉，推出之後果然讓眾多歌迷們印象深刻，自此一炮而紅，甚至經過了多年後這首歌還被彭佳慧再度翻唱，歌名改作〈聽到你一聲再會〉。

於此，回想起當年成功嶺服役集訓的日子，每天一到了營內吃中飯時間幾乎都會播〈真情〉作為背景音樂，但聽其曲調流轉之間每每教人感受到一種淡淡的、落寞的孤寂感，總不免懵然勾起了濃濃的思鄉情懷。

蕭孋珠原本名叫「蕭麗珠」，嘉義出生，據聞當初申報戶籍時因承辦員忙中有錯，以致竟在「麗」字旁多加一個「女」字（「孋」讀「梨」音）。蕭孋珠自幼深受鍾情於傳統國樂（胡琴）演奏的父親影響，打從念書時就熱愛學習音樂，同時也喜歡唱歌，尤其唱起拿手的黃梅調來更令人為之動容，國中（嘉義女中）畢業後即隨家人遷居台北。十八歲時（一九七二）考入中國文化學院（今文化大學）音樂專修科國樂組主修聲樂，那年暑假她因緣際會報名參加歌林公司音樂出版部舉辦的「歌林之星」歌唱比賽，並藉著技壓群倫的歌藝表現連過六關，最後出場時以一首閩南歌曲〈送君珠淚滴〉與她最愛的黃梅調老歌〈郊道〉一舉奪冠，除了獲得獎金三萬元和彩色電視機外，還和歌林簽下兩年唱片合約，從此正式踏上歌壇演藝之路。

翌年（一九七三），日本「哥倫比亞唱片公司」到台灣視察，認為蕭孋珠極具潛力而邀請到日本深造，經過為期一年的歌唱研習，於一九七四年相繼發行日文單曲《潮路》、《さよなら初恋》（再見初戀）等專輯，之後返台回國發展、灌錄了首張個人國語唱片《真情》，其中與專輯同名的主打歌〈真情〉和〈心願〉，皆出自其日語專輯《さよなら初恋》原作曲者和田香苗（一九三二—二〇〇一）之手，經翻唱後乃改取「爾心」為化名。

隨之，約莫七〇年代末至八〇年代初，可說是蕭孋珠歌唱生涯的黃金時期。那些年她不僅接連唱紅了許多電視歌曲，包括〈楓紅層層〉、〈種花的少女〉、〈詩意〉、〈就從今夜起〉、〈踩在夕陽裡〉、〈迎著風的女孩〉、〈望著天空的女孩〉，另外還主唱多部電影主題曲，如〈一簾幽夢〉、〈蝴蝶谷〉、〈青色山脈〉、〈流水、落花、春去〉、〈彩霞滿天〉、〈忘憂草〉、〈處處聞啼鳥〉等洋洋灑灑不勝枚舉。且自一九七九年（三月五日）起，中視開始在每日開播時固定播放她演唱的歌曲〈美好的今天〉（劉家昌作詞作曲），稱為「開播曲」。正因為她的歌聲圓潤清亮、唱腔音域寬廣而渾厚、嗓音裡帶有些中性特質的豪邁英氣，再加上她平日的形象良好，因此也成了官方當局眼中詮釋〈風雨生信心〉、〈四海都有中國人〉這類愛國歌曲的不二人選。

左頁：《真情》（蕭孋珠之歌）專輯封面、封底／1974年／歌林唱片（作者收藏翻拍）

歌林唱片
KOLIN
蕭孋珠之歌
真情

蕭孋珠之歌
真情

上：《一簾幽夢》（蕭孋珠之歌）專輯封面／1974年／歌林唱片（作者收藏翻拍）
左上：《處處聞啼鳥》（蕭孋珠之歌）專輯封面／1978年／歌林唱片（作者收藏翻拍）
左下：《蝴蝶谷》（蕭孋珠主唱）專輯封面／1976年／歌林唱片（作者收藏翻拍）

歌林唱片KL-1106
電影
蝴蝶谷
主題曲
你我心一樣
蕭孋珠 主唱

歌林唱片KL-1140
蕭孋珠
之歌
處處聞啼鳥
處處聞啼鳥・電影原聲帶／江山萬里情・中視連續劇主題曲
STEREO

除此之外，當時在多齣當紅的武俠連續劇中亦有蕭孋珠的歌，諸如《萬古流芳》、《飛燕驚龍》、《大漢兒女》、《七巧鳳凰碧玉刀》等，均不乏表露慷慨激昂、迴腸蕩氣，直到八〇年代後期還曾兼唱《中國民謠專輯》以及台語專輯《閩南情》、《盛情女子》，堪稱早期那個年代涉獵歌曲類型變化最多樣、卻純粹僅以歌藝取勝的一位「國民歌手」。

她的聲音既能柔情似水、亦可堅毅如剛。恰如那鮮紅欲滴的蕃茄（姑娘），可說是蔬果中的「雙面女郎」，不但能拿來當作水果生吃食用，更可以搖身一變，化為盤中料理入口佳餚，而蕭孋珠的黑膠唱片在拍賣市場上也像是平民化的蕃茄，價格都不會太高，入手不致造成太大的經濟負擔，著實動聽又便宜。

「我愛這片青色山脈，它代表永恆的存在，我愛這片青色山脈，它埋藏一份我的愛，我們相逢，我們相愛，就在這青色山脈，往日的時光雖不再，此情難忘懷……」想見彼時七〇年代知名才子徐進良執導，恬妞、張艾嘉、劉文正領銜主演愛情文藝電影《青色山脈》唱片封面的蕭孋珠一身中性扮相瀟灑從容，亮麗的歌聲裡則始終透著一股清遠悠揚的空靈氣氛，搭配長笛編曲伴奏如泣如訴，婉約含蓄時餘音嫋嫋，彷彿欲讓內心深處被喚醒的幽怨情緒跟隨著曲調旋律起伏，在這幅音畫當中娓娓

《青色山脈》（蕭孋珠之歌）專輯封面／1977年／歌林唱片（作者收藏翻拍）

述說想像著三十多年前中央山脈和太平洋交接處的古早港鎮，以及一些熟悉和不熟悉的面孔。或許，還有更教人痛心疾首的是，這段期間早已在大財團與盜木者合謀的現實慾望底下，幾乎將被砍伐、破壞殆盡的那片原始的青色山林。

把生命拋擲進音樂裡

——我的古典音樂唱片啟蒙史

音樂如靈藥。

長期以來，聆聽古典音樂一直是幫助我抵抗周遭這充滿庸俗和虛偽的現實世界的重要養分之一。

話說二〇一三年九月，一位大學時代社團的老朋友來信告知他在淡水竹圍自家樓下新開設了一間古典黑膠唱片店，名曰「古殿樂藏」[1]。店主王信凱出身史學系背

01 「古殿樂藏」唱片藝術研究中心，店址位在新北市淡水區民族路31巷15號（淡水線竹圍捷運站步行三分鐘，「觀海極品社區」外圍一樓店面）。

淡水竹圍「古殿樂藏」室內一景（攝影／李志銘）

景、卻對音樂方面情有獨鍾，且二十多年迄今僅獨沽一味——只愛聽古典，早期他也收藏了不少古典樂CD，後來又迷戀上了五、六〇年代以老式真空管錄製的Mono（單聲道）古典黑膠唱片，傾倒於那三十三轉LP曲盤裡既清脆又醇厚、最原汁原味的聲音，一談起某某名家大師的演奏版本掌故淵源、來龍去脈如數家珍，乃是個不折不扣感染了「愛樂狂熱症」的重度古典樂迷。

隨之，我幾度造訪「古殿樂藏」與友人於店內即興論樂、談天說地，不僅每回都能有所收穫，並且無論是在古典黑膠收藏、市場（拍賣）行情以及複刻錄音技術知識上也都頻頻讓人開眼界、長見識，還在這裡挖到了不少寶，諸如日本SONY特典版——一九六一年大提琴宗師卡薩爾斯（Pablo Casals）演奏〈白鳥之歌〉（El Cant dels Ocells）的《甘迺迪總統白宮音樂會》實況錄音，John Williams指揮波士頓大眾管弦樂團（Boston Pops）演奏的經典科幻電影曲輯《Pops in Space》（該專輯收錄《星際大戰》、《超人》主題曲全都是我那一代的童年記憶啊），以及由俄國現代作曲家蕭士塔高維契（Dmitri Shostakovich）創作於一九五五年的電影配樂《牛虻》（The Gadfly）。

而瀏覽「古殿樂藏」最令我為之驚豔的，即是這裡收藏有超過上百張封套設計裝幀

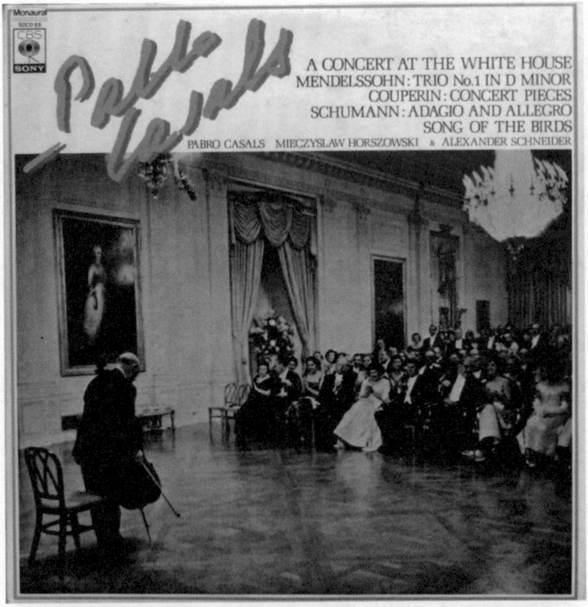
Monaural
CBS
SONY
Pablo Casals
A CONCERT AT THE WHITE HOUSE
MENDELSSOHN: TRIO No.1 IN D MINOR
COUPERIN: CONCERT PIECES
SCHUMANN: ADAGIO AND ALLEGRO
SONG OF THE BIRDS
PABRO CASALS MIECZYSLAW HORSZOWSKI & ALEXANDER SCHNEIDER

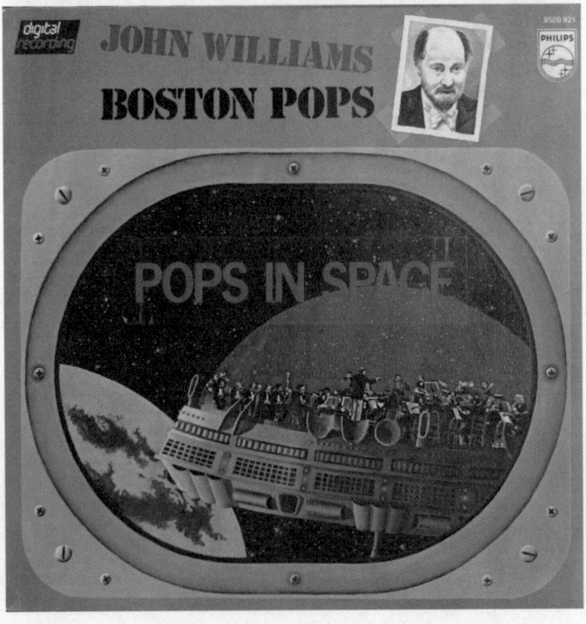
digital recording
JOHN WILLIAMS
BOSTON POPS
9500 921
PHILIPS
POPS IN SPACE

精美、且多帶有質感非凡的手工插圖宛如藝術品般的Mono（單聲道）古典黑膠唱片，將它們羅列架上一字排開，簡直就像是一幅繽紛而華麗的末日風景畫，使我想起了村上春樹的小說。

> 被某個抗爭團體佔領的大學九號館，二樓有兩千張唱片收藏和ALTEC A5音響設備的雅緻音樂室，真是個天堂。佔領學生團體一直撐到秋天，最後全員都變成古典音樂狂。某個晴朗的十一月午後，當第三機動隊衝進九號館時，聽到了維瓦第協奏曲〈L'estro armonico〉正以全音量播出。
>
> **——村上春樹《一九七三年的彈珠玩具》**

回顧過去，在我極其有限的閱讀與觀影經驗中，其內容涉及古典（黑膠）音樂的場景畫面——總有兩者最令我畢生難忘，其一是小說家村上春樹於《一九七三年的彈珠玩具》描述六〇年代末（一九六九年四月）日本各大學接連爆發反戰、反政府的「全共鬥」學運事件，彼時早稻田大學的學生們強硬要求大學校方進行「集體談判」，並決定將校內九號館五樓封鎖，直到後來（一九六九年九月）機

上：卡薩爾斯《甘迺迪總統白宮音樂會》實況錄音專輯封面／1961年（作者收藏翻拍）

下：John Williams 經典科幻電影曲輯《Pops in Space》專輯封面／1980年（作者收藏翻拍）

淡水竹圍「古殿樂藏」室內一景（攝影／李志銘）

動鎮暴隊攻佔學生第二會館與大隈講堂，用大量水柱沖散集結的學生後才恢復上課，村上春樹在小說中將古典音樂視為一種追尋青春永恆的象徵，毋寧把當年那一代日本學運青年由此得到自我療癒與精神救贖的反叛過程寫得相當動人。

至於另一讓我多年來深受感動的，則是改編自暢銷作家史蒂芬·金原著小說《四季奇譚》（Different seasons）的電影《刺激一九九五》（The Shawshank Redemption），其中有一幕是男主角Andy在典獄長辦公室裡收到州議會捐獻給鯊堡監獄圖書館寄來的許多舊書與唱片，當時他從裡頭挑出一張古典黑膠，那是義大利著名歌劇女伶Gundula Janowitz和Edith Mathis所唱莫札特的《費加洛婚禮》，如獲至寶的Andy於是走到唱機前放起了音樂，趁著守衛不注意時將門反鎖，並且接上廣播擴音器讓古典樂女高音的曼妙歌聲傳遍全監獄。就在這一片刻，所有囚犯都不自覺地停住了手邊的工作，專注聆聽，彷彿在音樂中重新找回了靈魂深處久違的自由，而Andy本人卻也為此被關禁閉，後來有獄友問他這麼做值得嗎？只見他用手指著腦袋回答：「That's the beauty of music. They can't take that away from you.」（這裡就有音樂的美，他們無法從你身上剝奪！）

值此，音樂就像世上所有美好的事物，是不會被任何外在形式所囚禁的，只要你相信心中保有那一塊不被侵蝕的淨土，它就能讓人得到自由。

想當年我剛上高中時，不知為何總常感到一陣突如其來的煩悶，於是就在某個假日午後偶然逛進附近的唱片行內、無意間走到了古典樂區，突然心血來潮想聽這類音樂來試試，便隨手選了一捲「福茂唱片」代理DECCA的貝多芬交響曲錄音帶，沒想到，頭一次聽聞其曲調之中竟蘊含著與命運頑強抗爭呼喚的鏗鏘音韻，頓覺驚為天人，瞬間亦令我內心先前累積的種種煩躁一掃而空，從此我便開始有意識地入門去「追」巴哈、貝多芬、莫札特、舒伯特這些古典派、浪漫派時期作曲家的作品專輯。

彼時約莫九〇年代之初，由於「飛碟唱片」正式宣布停產黑膠、各家壓片工廠也紛紛吹起了熄燈號，而新推出的CD雷射唱片才剛開始流行起來，但售價較昂，因此絕大部分如我這般阮囊羞澀的中學生仍是以聽錄音帶為主。還記得當時正夯的張學友《吻別》，正版錄音帶一卷約一百四十塊錢左右，古典樂稍便宜些，差不多一百二十塊。這對於一個普通窮學生來說，每個禮拜若能省點零用錢來買一卷Tape音樂專輯，其實並不會有太大的負擔，至於相容的播放器材（如手提錄放音機、隨身聽、SONY、AIWA、TOSHIBA……）也都不會太昂貴。而且最重要的一點是，錄音帶非常方便用來拷貝，只要準備一塊空白錄音帶，舉凡廣播節目聽得到的歌、同學手上擁有你想聽但卻不想買的專輯，全都能夠複製下來反覆聆聽，甚至還能依照不同的個人喜好、任意選曲錄製成一份獨一無二的「私精選」輯。因此當年那種雙卡式、配有收聽廣播功能的錄放音機，市場上普遍都賣得特別好。

爾後，伴隨著我年齡漸長，一路從高中、大學乃至研究所畢業，在每個不同人生階段的際遇當中，喜愛聽音樂的口味與媒介也跟著改變，十多歲時聽小虎隊、張學友、張雨生的錄音帶，到了高中、大學時代　迷於古典樂逐漸由Tape過渡到CD唱片，及至投身社會之後開始回頭聽五、六〇年代文夏、洪一峰、紀露霞的台語黑膠。

如今這幾年，觀諸台灣社會似已厭倦了以往一味強調經濟發展的快速步調，有越來越多的人希望能放慢腳步、過著「慢活」優閒的小日子，而「懷舊」則是儼然成了另一種新時尚。

於我而言，蒐藏黑膠唱片除了喜歡它那帶著年代烙印的聲音要比冷硬乾淨的數位CD更顯溫暖、更具臨場不確定性以及不完美的「存在感」和「空氣感」之外，其堪比海報尺寸的大張唱片封套設計亦每每予人相當程度的視覺震撼及愉悅感。從拿起一張唱片開始，以至放到唱機上面看它悠悠地回轉，接著再移動唱臂，抑或調校轉速與唱針角度，直到曲盤溝紋裡傳來最明晰漂亮的聲音，隱然便透出一股無以名狀的魅力，讓人感到歲月溫暖。儘管它既佔空間又耗時間，卻因此讓聽音樂這件日常小事昇華成為一樁隆重的儀式，擁有它的同時毋寧也滿足了人們的戀物情結。

蕭士塔高維契電影配樂《牛虻》（The Gadfly）專輯封面／1955年（作者收藏翻拍）

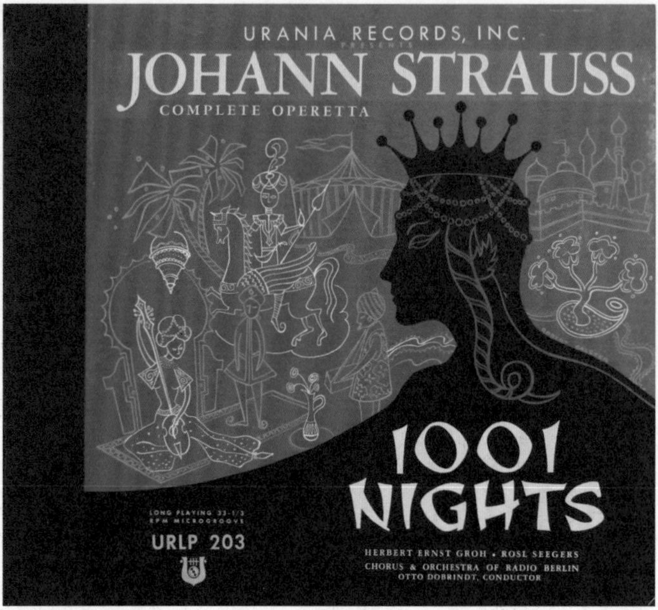

小約翰史特勞斯歌劇《一千零一夜》Mono黑膠唱片專輯封面／1950年代（作者收藏翻拍）

淡水竹圍「古殿樂藏」室內一景（攝影／李志銘）

尋找被遺忘的時代樂歌

——遠景唱片出版社《中國名歌與名曲》&《世界名歌》

我相信像我這一輩有很多的五、六年級生都是看著「遠景」與「志文」（新潮文庫）的書長大的。

追懷三十多年前，就在鄧麗君與導演李行合作拍攝了號稱台灣史上第一部MV《海韻》的那一年（一九七四），由沈登恩、鄧維楨、王榮文三人合資新台幣四十五萬元，共同攜手創立的「遠景出版社」正式開張，相繼推出黃春明、陳映真、七等生、白先勇、鍾肇政、吳濁流、鍾理和、李喬、宋澤萊、陳若曦、鹿橋、高陽、林語堂等名家作品引領時代風騷，隨即又於一九七八年起開始著手進行「世界文學全集」叢書翻譯出版（如遠景版《俠隱記》、《鐘樓怪人》、《坎特伯雷故事集》、《約翰·克利斯朵夫》等，這些書幾乎都是我高中時期開始大量沉迷於課外閱讀的重要精神食糧），之後不到十年間，便建造起擁有六百多種書籍的「遠景王國」，澆灌了台灣文學園地一片繁花盛景。但不知迄今可有多少人還記得？除了出版紙本書之外，當年正值事業鼎盛的「遠景」竟然也還發行過台灣唱片界有史以來最具規模——清一色皆由本地音樂家演出灌錄的一系列黑膠唱片！

談起這份因緣牽繫，起初來自多年前我從二手唱片拍賣網站驚鴻一瞥的印象。孰料經過數年以後，我又有幸來到福和橋下跳蚤市場再度和它相遇，得知那是發行於八〇年代初期，在曲盤封套上標名「遠景唱片出版社」所推出的二十張《世界名歌》專輯，以及另外策劃以三輯精緻盒裝出版、每輯收錄八張唱片、共計二十四張全套的《中國名歌與名曲》（另外還有同步發行錄音帶的版本）。

「天上飄著些微雲，地上吹著些微風，啊～微風吹動了我頭髮，教我如何不想她？」望著曲盤唱針的刻劃流轉、聆聽兒時就已琅琅上口的這首〈教我如何不想她〉，迷醉於歌聲旋律如行雲流水變幻間，不唯令你感懷老邁的作曲家依舊意興飛揚地訴說著自己與音樂戀愛的故事，往往也讓人從歌詞唱和的音韻當中領略文學藝術的奧妙所在。至於其它同樣收錄在遠景版《中國名歌與名曲》專輯裡，包括黃自的〈西

《中國名歌與名曲》（第一輯）盒裝封面／1981年／遠景唱片出版社（作者收藏翻拍）

《世界名歌》專輯全套二十張／1980年／遠景唱片出版社（作者收藏翻拍）

風的話〉、〈天倫歌〉、〈踏雪尋梅〉，劉雪厂的〈紅豆詞〉、〈長城謠〉，李抱枕的〈旅人的心〉、〈汨羅江上〉，青主的〈我住長江頭〉、〈大江東去〉，以及黃友棣的〈遠景〉、〈遺忘〉等，許多這些課堂上曾經耳熟能詳的歌，總是不自覺使我想起過去小時候蹲在地上打「尪仔仙」的那個八〇年代，隱約似有一股思念伴隨舒緩的歌聲此起彼伏，或深或淺，一晃眼即於歲月中唱過童年，類似這般溫暖的記憶，一輩子也忘不了。

正所謂「憑歌寄意，唱盡心事」，謹此，音樂可撫慰人心，亦能傳唱一整個時代。

憶想當年「遠景」亟欲首開風氣之先，豪語宣稱「集自由中國最活躍的聲樂家於一堂」，先是以「台灣省政府教育廳」出版的《101名歌集》與「全音樂譜出版社」的《世界名歌110曲集》為基礎，再加上一些當時比較著名的西方藝術歌曲全本翻譯成中文演唱——發行《世界名歌》；繼而萃選民國初年「學堂樂歌」[1]時期以降的

01 學堂樂歌，意指二十世紀初期中國各地新式學校音樂課程中大量傳唱的一些歌曲。這些歌曲多以簡譜記譜，曲調主要來自日本及歐洲、美國，並以中文重新填詞，代表人物包括有沈心工、李叔同等。

《101世界名歌集》封面／1952年／台灣省政府教育廳

華語經典歌謠——整理出版《中國名歌與名曲》。統觀這兩套唱片錄音，傳承脈絡一中一西、相互輝映，曲目總計多達五百餘首之譜（其中《世界名歌》約二百首左右，《中國名歌與名曲》約三百多首），曲調風格則囊括從古典到現代，新舊並陳、古今交融，其氣魄可謂大矣！

根據當時出資一手包辦策劃的早期「遠景」合夥人鄧維楨表示，最初引發他想要製作這套《世界名歌》以及《中國名歌與名曲》唱片專輯的源頭，乃是基於一個單純很浪漫的想法——中學時代（初中）的他偶然看見座位旁某個同學手上有一本厚厚的手抄歌本，裡頭有許多歌詞雖然都不曾唱過，但其文字意境卻讓他大為驚豔、感覺美得不得了，於是便暗自想像著，這些歌詞曲譜唱起來不曉得好不好聽？後來鄧維楨在他三十七歲那年（一九七四）開始投入出版業、陸續也賺到了錢，遂有此契機延請歌唱家、錄音師和唱片工廠共同合作錄製歌曲美聲，予以一圓年少時代未完成的夢。

回溯昔日「遠景」灌錄這兩套唱片（合計共四十四張黑膠）委實規模浩大，製作過程卻極為省便、順利（主要由兩位助理人員負責聯繫歌者進錄音室錄好母帶之後，同時分發包給第一唱片、鳴鳳唱片等數家唱片工廠壓製，整個工作過程費時不到一年完成），擔綱演唱者大多是以師大音樂系和國立藝專教師群，包括辛永秀（女高音）、

《中國名歌與名曲》（第二輯）盒裝封面／1981年／遠景唱片出版社（作者收藏翻拍）

陳明律（花腔女高音）、李靜美（抒情女高音）、邱玉蘭（女高音）、戴佐文（花腔女高音）、劉塞雲（女高音）、張清郎（男中低音）、曾道雄（男中音）、陳榮貴（男中音）、陳榮光（男高音）、吳文修（男高音）、黃耀明（男高音）等學院派聲樂家為班底，想望當年他們正值風茂年華，無論體力和歌喉都最具青春生命力的黃金時期，且對於唱歌錄音、出版唱片這樁工作皆抱持高度興趣及熱忱，以致許多早年曾流行如曇花一現的歌曲就這樣被封存在一圈圈的曲盤溝紋內，刻模壓印成了「聲音浮雕」遺留迄今。後來甚至有些歌唱家直到晚年也都很少灌錄唱片（比如已故國際知名女高音劉塞雲），如今回頭來看反而成了相當珍貴（唯一僅存）的聲音歷史紀錄。

據聞「遠景唱片出版社」當年錄製歌曲的場地主要有兩處，一是在台北大直某個類似教堂空間的地方，另一地點則是在三重「第一唱片廠」錄音室。大致上，每張唱片皆以一位聲樂家為主軸，少部分為二重唱及四重唱組合，歌唱曲目則交給聲樂家自由選擇，而錄音酬勞也甚為優渥（灌錄一張唱片六萬元，分兩次給）。「當年唱片製作過程很快，」鄧維楨回憶：「像吳文修的話，一個下午就錄完三張唱片了，有的人則是要求比較完美，一首歌要錄好幾遍才滿意。」果不期然，遠景版《世界名歌》與《中國名歌與名曲》，匯聚了八〇年代台灣本地音樂界一流名家錄音，堪稱前所未有的大手筆，甫一推出便頗受市場好評，初版五千套於預售期間旋即銷售一空，跌破了不少唱片行老闆的眼鏡（因為當時他們大多難以置信，出版這種只有簡易鋼琴伴奏的歌竟然還能賣錢！）。

有趣的是，遠景那套《世界名歌》專輯收錄了兩百多首西方藝術歌曲，歌詞全都譯為中文演唱，其中有部分曲目早在《101名歌集》與《世界名歌110曲集》便已翻譯出來，另外還有一些是歌唱者自譯自唱（比如曾道雄、吳文修），除此之外更不乏藝文界知名人士（包括何懷碩、李哲洋等）加入譯筆陣容。值此，我對李哲洋翻譯自韓德爾（G. F. Handel）詠嘆調〈Largo〉的歌曲〈老樹〉總是特別印象深刻：「我曾經在你那綠蔭底下，跟一些小友伴東談西聊，我們爬上粗壯的樹幹尋找小鳥的巢，快樂無比，如今你老朽當柴火燒，往昔的英姿卻依然銘刻在我的腦海裡，永不能忘」，興許是歌詞內容令我想起了小時候三重埔老家巷子口那株恬靜蔭涼的老榕樹，字裡行間娓娓訴說著童年歲月無盡的思念。

容我慢慢將這些歌曲唱片逐一聆聽下，赫然發現這套遠景版《世界名歌》專輯裡竟有不少由李哲洋掛名翻譯的歌，包括：史卡拉第（A. Scarlatti）〈紫羅蘭花〉（Le violette）、〈我情願為你死〉（Se tu dell mia morte）、〈我平靜的心〉（Sento nel

《世界名歌》專輯曲盤圓標(作者收藏翻拍)

《中國名歌與名曲》專輯曲盤圓標（作者收藏翻拍）

core），蒙塔維蒂（C. Monteverdi，另譯：蒙台威爾第）〈讓我死吧〉（Lasciatemi morire），葛路克（C. W. Gluck）〈喔！溫柔的愛人唷！〉（O del mio dolce ardor），羅沙（S. Rosa）〈當你在我身邊〉（Star Vicino），托斯第（F. P. Tosti）〈再會〉（Addio）、〈夢〉（Sagno），莫札特（W. A. Mozart）〈微笑般的恬靜〉（Ridente la calma），勞特（A. D. Leuto）〈愛是什麼〉（Pimmi amor）。

讀之唱之，鏗鏘悱惻。聽其音、觀其韻，鬱鬱蒼蒼，彷彿在雲中。與此同時，這也讓我聯想到鄰近的日本，自明治時期以來便積極推動維新教育，尤以西洋（歐洲）文化為師，音樂方面特別重視西洋名曲的譯介，許多知識份子都會用日語歌唱德、英、法、義的民謠。若參照於三十年前，悉聽遠景製作的《世界名歌》不啻亦有類似這般流風餘韻。

聲音，往往即隨時間湮沒，除了存在人們的記憶和幾張塵封的唱片裡，下一代未必再有人撩起共鳴。而這些源自舊日歲月裡的歌曲和記憶，是否也將就此煙消雲散？

「自從初中畢業後，我和那位同學就再也沒見過面了，」晚年已屆退休的鄧維楨一度唏噓感嘆：「我還記得那時候問他的最後一句話，說你畢業後要做什麼？他就說要做鐵匠，之後我們就沒連繫了，而我現在也差不多要告別這世界了，告別一些老朋友，不知當年我那位抄寫歌譜的朋友如今可還活著？」

徜徉於曲盤流轉的潺潺歌聲中，聽那朦朧的記憶似流水般劃過，霎時教人明白，過去曾經昂揚的青春業已不再。

《世界名歌》（錄音帶版）歌詞本（作者收藏翻拍）

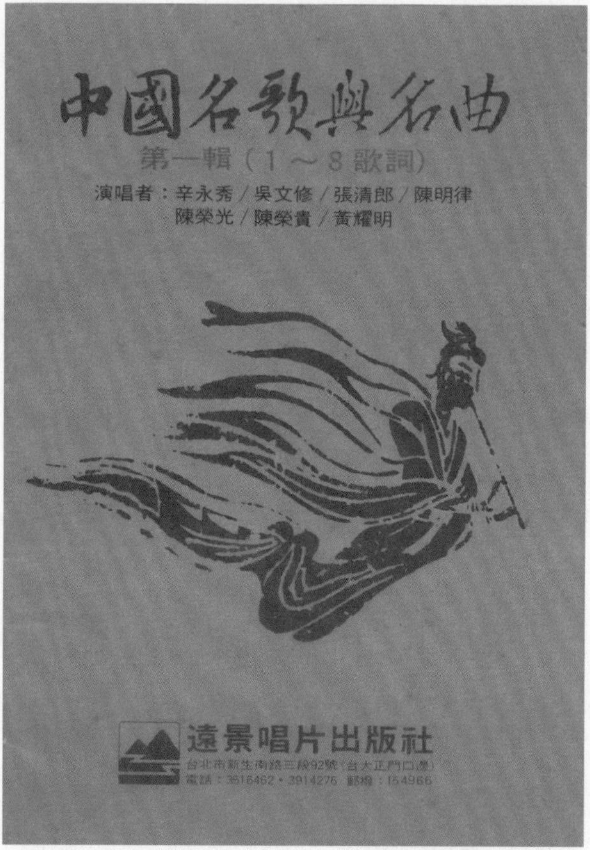

《中國名歌與名曲》第一輯歌詞本（作者收藏翻拍）

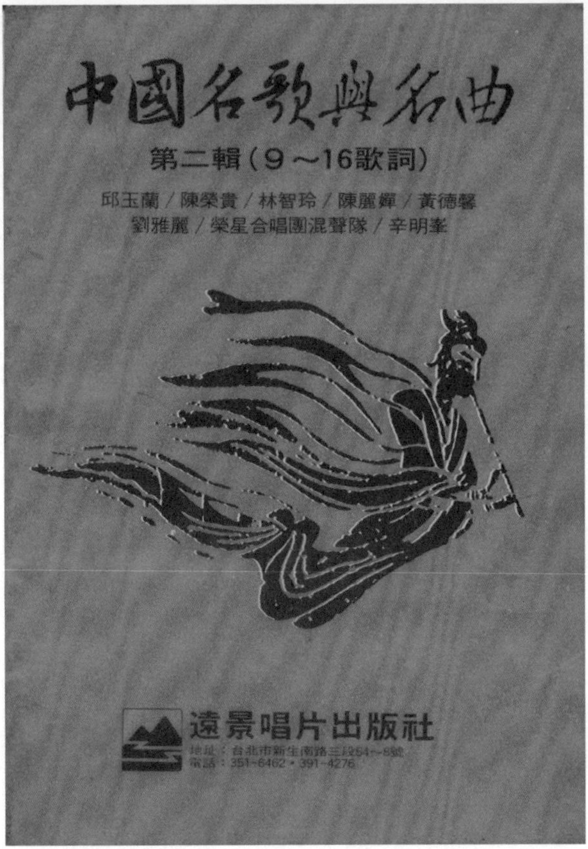

《中國名歌與名曲》第二輯歌詞本（作者收藏翻拍）

《中國名歌與名曲》第三輯歌詞本（作者收藏翻拍）

後記　誌謝

大凡愛書之人，總是深信「紙有情，書有靈」。在這裡，人與書的相遇即是一種緣分，書海茫茫，冥冥當中自有造化。起先一開始是人找書，之後到了某個階段，似乎就會慢慢有所感悟：有時，書其實也在找人。

書籍如此，之於黑膠唱片亦然。

早在十九世紀末，錄音技術的發明，已經為未來開啟了一扇時光倒流的大門。唱片本身作為一種聲音載體，蘊含著人類開始進入「有聲時代」的歷史與文化，保存了昔日屬於那個遙遠時代的聲音記憶。

如今在這個音樂取得太過容易、聲音複製愈趨便捷的時代，有太多成千上萬的曲目菜單擺著眼前供我們挑選。事實上，儘管現代人能夠接觸音樂的管道已變得更加多元，網路MP3等資源唾手可得，但同時卻也讓我們不再像以前的人那樣「用心」認真聽音樂，當然更遑論進一步去挖掘其背後蘊藏的故事、涉獵各種相關藝術知識與人文學養，這讓「聽音樂」本身幾乎淪為一種純粹滿足個人消費慾望以及聽覺感官的佈景裝飾、一種廉價的存在。

相對而言，書中所提這些黑膠唱片大多得之不易，往往更讓我懂得珍惜那曲盤溝紋當中被記錄下來的聲音。所謂的音樂史或歌謠史，其實正是靠著一代代熱愛聽歌的唱片收藏者手中不斷輾轉流傳、保存迄今。那毋寧是一件令人尋尋覓覓、牽腸掛肚的事，亦為一種無以名狀的雀躍與狂喜。當你緣分聚足的時候，自然能得償宿願，蒐集到那些早已渴盼許久的絕版唱片，且透過聆聽的想像，引領你穿越茫茫紅塵、探究歷史的細節和原貌。

而我手邊的每一張唱片，幾乎都有著各自不同的來歷。這些年來，經常走逛舊書攤及跳蚤市場的經歷讓我愈發相信，物與人之間，存在著一種彼此相依牽絆的因緣召喚。

這本《尋聲記》之所以有機會在遠景出版，必須得感謝我身邊許多朋友的支持與鼓勵，同時促成了某些意想不到的漣漪效應。

首先，我要謝謝最初邀我在《鄉間小路》雜誌改版率先開設「黑膠時代」專欄的主編沈岱樺小姐，以及後來繼任經手的林民昌先生，正因為有你們提供了這塊自由發揮的寫作園地，讓我得以在兩年多的時間每個月定期耕耘灌溉，如此不斷累積、開花結果——生長出了《尋聲記》這朵美麗豐碩的花。

其次，我要感謝替《尋聲記》寫推薦序文與推薦語的諸位作者，包括佛光大學人文講座教授張己任老師、舊香居店主吳雅慧小姐、台中市古典音樂台主持人吳家恆先生、音樂製作人李欣芸小姐，以及創辦「古殿樂藏」、大學時代的社團老友信凱，透過你們的文字每每能讓人感染著一股對音樂滿滿的真摯與熱情。

非常感謝「青康藏書房」暨「總書記二手書店」主人何新興大哥慨然提供場地及音響設備，讓我和信凱多次在店內舉辦「黑膠圍爐」音樂同好會，也讓我們有機會嘗試結合黑膠唱片與書店閱讀的活動型態。

另外，我還要謝謝「舊香居派」諸位愛書同好與友人——老辜、梓傑、浩宇、小琍、冠華、楊燁、小草（阿德）平日噓寒問暖，閒聊書人書事的關懷之情。

最後，我必須誠摯地感謝「遠景出版社」發行人葉麗晴小姐的鼎力支持，能夠給予作者極大的主導空間來共同參與製作《尋聲記》一書。而負責本書版面編排設計、撰寫文案、細心溝通出版期程、兼構思行銷活動的偉涵，更是滿懷工作熱情與衝勁、堪稱「全能型編輯」的典範。

除此之外，我更要謝謝「雅圖創意設計公司」靄琳手作鋅版印製的美麗藏書票（搭配精裝本），宛如紙上寶石般曖曖生輝，增添了書的存在價值和美感，並且特別感謝設計師莊謹銘精心構思書籍封面裝幀，那一道道像是唱片溝紋的行星軌跡，彷彿便是令你情不自禁地墜入黑膠世界的一個小宇宙！

平裝・遠景叢書 114
精裝・遠景叢書 117

尋聲記
我的黑膠時代

作者 李志銘
總編輯 葉麗晴
執行編輯 李偉涵
校對 李志銘
李偉涵
封面設計 莊謹銘
排版 李偉涵

出版 遠景出版事業有限公司
發行 晴光文化出版有限公司
地址 新北市板橋區松柏街65號5樓
網址 www.vistaread.com
電話 02-2254-5460
傳真 02-2254-2136
法律顧問 世紀聯合法律事務所尤英夫律師

初版 二〇一四年六月
平裝書碼 978-957-39-0920-0
精裝書碼 978-957-39-0922-4
平裝定價 新台幣 三六〇 元
精裝定價 新台幣 五五〇 元
行政院新聞局登記證局版台業字第 0105 號

國家圖書館出版品預行編目資料

尋聲記：我的黑膠時代 / 李志銘 著.
— 初版. — 新北市 ： 遠景出版 ： 晴光文化發行,
2014. 06 面 ； 公分. —（遠景叢書 ； 114 / 117）

ISBN 978-957-39-0920-0（平裝）
ISBN 978-957-39-0922-4（精裝）
1. 人文地理 2. 音樂 3. 台灣

733.4 103004135

感謝光美唱片、亞洲唱片、貴族唱片、聯經出版社授權本書使用專輯封面圖檔，讓本書內容獲得完整呈現；另本書所用若干圖片原出處已不可考，若觸及圖片版權使用，請作者來函告知，遠景出版社將贈書致謝。

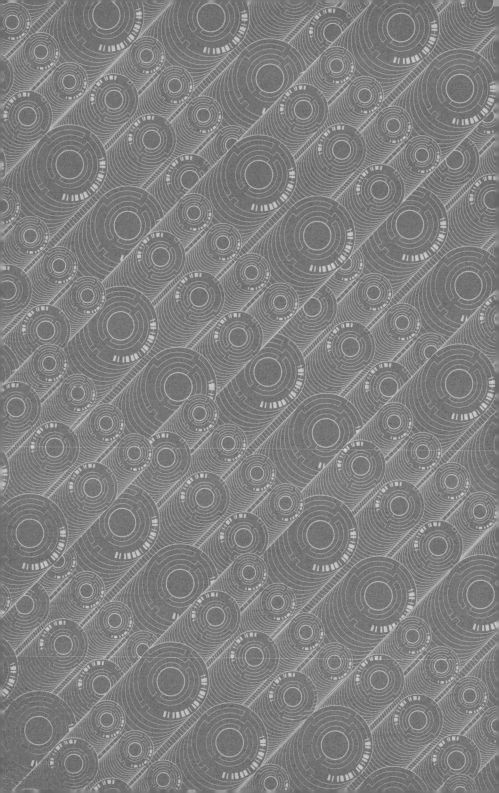

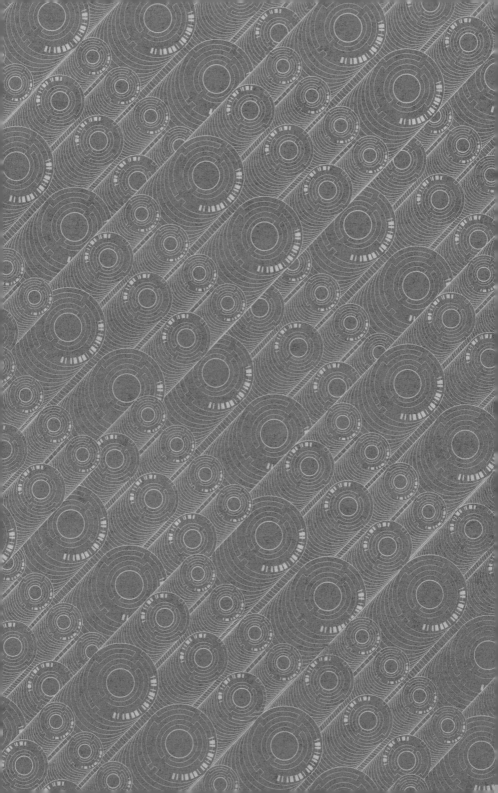

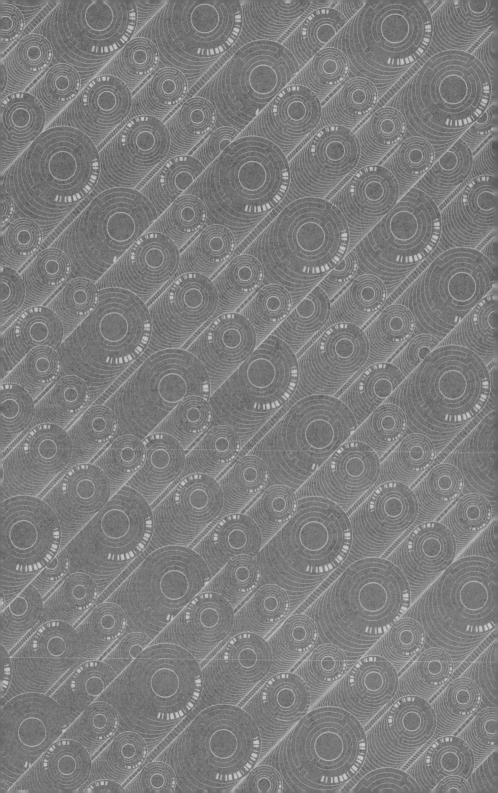

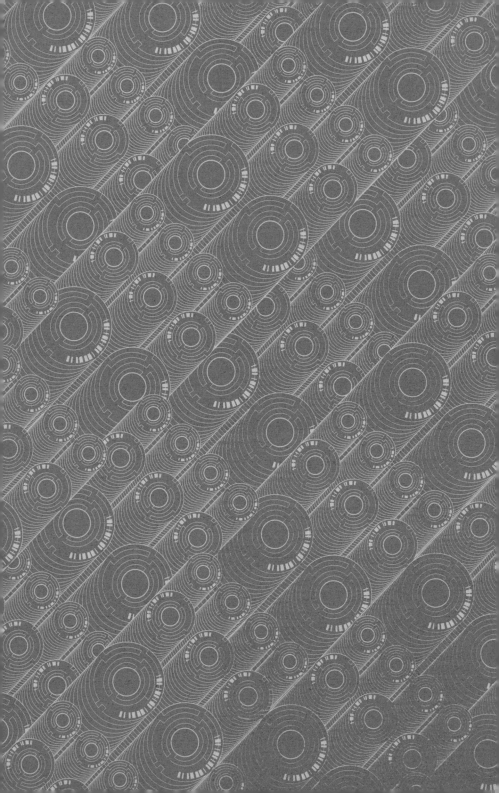